聖地巡礼 Continued

コンティニュード

内田樹×釈徹宗

東京書籍

聖地巡礼　コンティニュード

まえがき――釈徹宗

聖地巡礼シリーズ、対馬編である。対馬といえば、かの国生みの記述で登場する地である。

かく言ひ竟へて、御合して生みし子は、淡路之穂之狭別島。（中略）次に伊伎島を生みき。亦の名は天比登都柱と謂ふ。次に津島を生みき。亦の名は天之狭手依比売と謂ふ。次に佐度島を生みき。次に大倭豊秋津島を生みき。亦の名は天御虚空豊秋津根別と謂ふ。かれ、この八島を先に生みしによりて大八島国と謂ふ。（次田真幸全訳注『古事記』（上）講談社学術文庫）

淡路島から始まり、四国、隠岐島、九州、伊伎島（壱岐島）、津島（対馬）、佐度島（佐渡島）、大倭豊秋津島（畿内地方を中心とした地域）が先に誕生した、だから大八島国だというのである。この記述に従うならば、日本列島において最初期から強く意識されてきた島だということになる。

対馬の噂は以前から耳にしていた。宗教研究者にとってかなり興味深い島であるらしい。以前は、「対馬といえば韓国のすぐ近く。おそらく日本と韓国の習合信仰が盛んなのだろう」などと勝手にイメージしていたのだが……。対馬経験者たちは口々に、「神道の原型を見ることができる」「神道成立以前の古い信仰を体感する」と言う。そんなことを聞かされると、いやがうえにもテンションは上がる。
今回の聖地巡礼では、永留史彦さんという強力な先達が登場。対馬の研究で名高い永留久恵氏のご子息であり、歴史家でもある。内田樹先生と私は、永留さんの語りをひたすら聞く状況となった。私にいたっては、ほとんど相槌をうっているだけである。しかも、「すごい」「うわあ」ばかりである。ガヤ芸人（バラエティー番組などでの盛り上げ役）状態なのだ。対馬の歴史もよく知らないから、発言の語尾は「思う」「感じる」など感覚的になりがちだ。もはや共著者に名を連ねるのもはばかられるあり様。お恥ずかしい限りである。ただ、ひと言いわせていただきたい、対馬では「知らないけどわかる」ということが起こるのだ。

一方、内田先生は今回もエッジの効いた言説を展開。「対馬は大和のまほろば」とか、「対馬藩のやり方を政府に聞かせてやりたい」とか、「電波塔は許せないけど、灯台は許す」とか、例によって独特の感性を炸裂させておられた。いずれも、聖地でなければ生じない語りであった。

対馬編のテーマは〝インターフェース〟となった（初日の夜に決まった。テーマも行き当たりばったりである）。空と海、国と国、文化と文化の境界面を担ってきた対馬がもつ特性に彩られた信仰のユニークさ。何かが生まれる感。神道の「むすひ」※1の理念を連想させる風土。右を向いても左を見ても、相互に侵入し合う接触面である。

個人的には、「ヤクマの塔」の場や、「和多都美神社」のロケーション、「天道信仰」関係、「タカミムスビ神[※2]」関係が、今なお心に深く刻み込まれている。本文中でも繰り返し述べているが、いわゆる日本神話がこれほどリアルに体感できたのは初めてであった。それは主要な神社や有名神社を訪れた時にも実感できなかったものであった。

ところで、本文を読み進めていくと、先達の永留さんが次第に感覚的な発言へと変貌していくのがわかるだろう。永留さんは最初、歴史研究者としての矜持を保持され、不確定な意見や思いつき的な物言いを避けておられた。ところがくっついている我々が好き勝手な放言を連発するので、だんだんとおつき合いしてくれるようになったのだと思う。まさに我々のペースである。聖地巡礼シリーズでは、たいていこの流れになっていく。ぜひそのあたりを味わっていただきたいと思う。

なにしろ本書には、

内田「あるんですか」

永留「あるんです」

釈「あるんですね」

などといった実に不毛な会話もそのまま掲載されている。ある意味、こういうところが、一番のヤマ場なのである（なんて本だ）。

このシリーズは、本書『聖地巡礼コンティニュード』から担当編集者が変わった。長年のエディター兼聖地コーディネーターであった岡本知之さん（東京書籍）から、植草武士さん（東京書籍）になったのである。そのため、若干のテイスト変化もあると思う。それも合わせてお楽しみいただければ幸いである。植草さんにはこの場を借りて御礼申し上げる。

また、対馬巡礼は内田樹先生にとって、ことに思い入れのあるものとなったようである（本文参照）。長年にわたっておつき合いくださっている内田先生には深く感謝の意を表したい。今回も至福の時を過ごさせていただいた。

先達を務めてくださった永留史彦さん、そしてライターの下妻みどりさんに心よりの謝辞を申し上げたい。巡礼部の皆さん、また行きましょう。

※1　産霊・産巣日。結合することで何かを生成する働き。

※2　タカミムスビ…高皇産霊・高御産巣日。造化三神・別天神五柱の一。アメノミナカヌシにつづいて、独神として成り、身を隠すが、その後もアマテラスとともに高天原の中心的な神の役割を果たした。（國學院大學日本文化研究所『神道辞典』）

二〇一七年七月　釈徹宗

目次

まえがき　釈徹宗……2
対馬巡礼地図……9
巡礼部とは？／取材ナビゲーター……10

chapter 1

1日目

時空の交差点……11
はじまりの対馬（概略　魏志倭人伝）……15
小茂田浜（元寇、日露戦争）……20
法清寺（お胴塚、平安時代の仏像）……28
矢立山古墳……31
久根（安徳天皇陵墓参考地）……41
厳原……45
金石城跡……69
万松院……79
宗家墓所……95
厳原八幡宮……109

講話と対談――宿にて……123
番外編・個人的聖地巡礼……139

chapter 2

２日目

日本の源流と海民……147

海を走る人々……149
雞知（古墳時代遺跡）……155
大船越……163
万関橋……173
三根（弥生時代遺跡）……188
海神神社……193
対馬海峡遭難者追悼之碑……218
とび崎展望台……222
和多都美神社……230
講話と対談――宿にて……247

chapter 3

3日目

天と海と地と人と……275

亀卜の雷神社……284

多久頭魂神社……293

龍良山……316

豆酘崎……333

巡礼を終えて……347

あとがき　内田樹……354

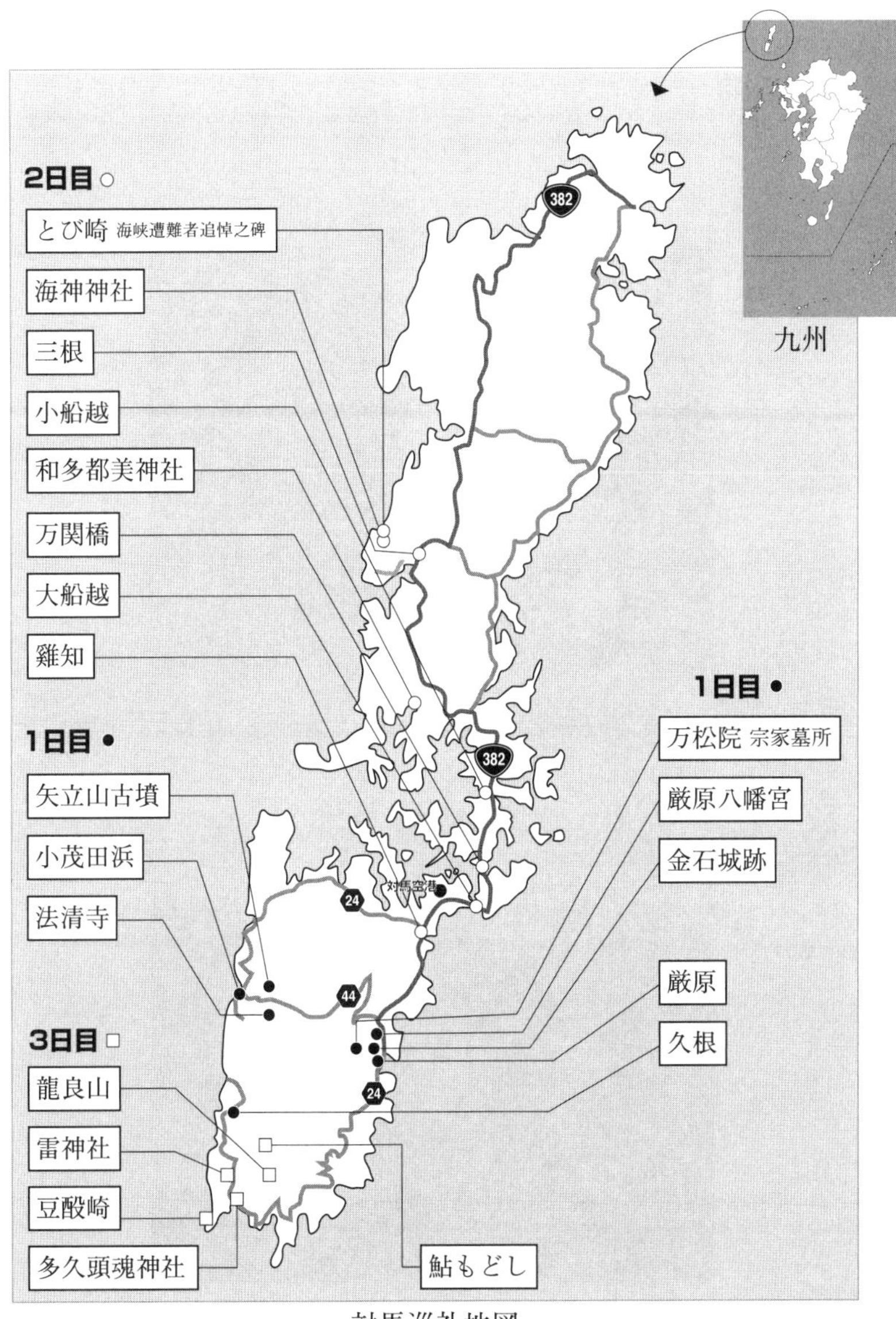

2日目 ○
とび崎 海峡遭難者追悼之碑
海神神社
三根
小船越
和多都美神社
万関橋
大船越
雞知
1日目 ●
矢立山古墳
小茂田浜
法清寺
3日目 □
龍良山
雷神社
豆酘崎
多久頭魂神社
1日目 ●
万松院 宗家墓所
厳原八幡宮
金石城跡
厳原
久根
鮎もどし
対馬空港
382
24
44
九州

対馬巡礼地図

巡礼部とは？

内田樹の合気道の道場兼自宅「凱風館」を拠点とする、かつての大学院の社会人聴講生が中心となって結成された団体。本書内で登場する「巡礼部」による発言は、同行した部員によるもの。

海神神社（対馬市峰町木坂）にて。

取材ナビゲーター・永留史彦

著者の内田樹（左）と釈徹宗（右）に挟まれている方が、取材ナビゲーターの永留史彦（ながどめ・ふみひこ）さん。1954年対馬生まれ。故郷・対馬に帰り、2010年から出版社を創業。対馬学の大家・永留久恵の知的遺産を継承すべく、みずからも『対馬の交隣』（編著）、『つしまっ子郷土読本』（編著）、『倭館からの手紙』（著）など進化中。対馬の自然と文化を守る会会長。

豆酘崎（対馬市厳原町豆酘）にて

chapter 1

1日目

時空の交差点

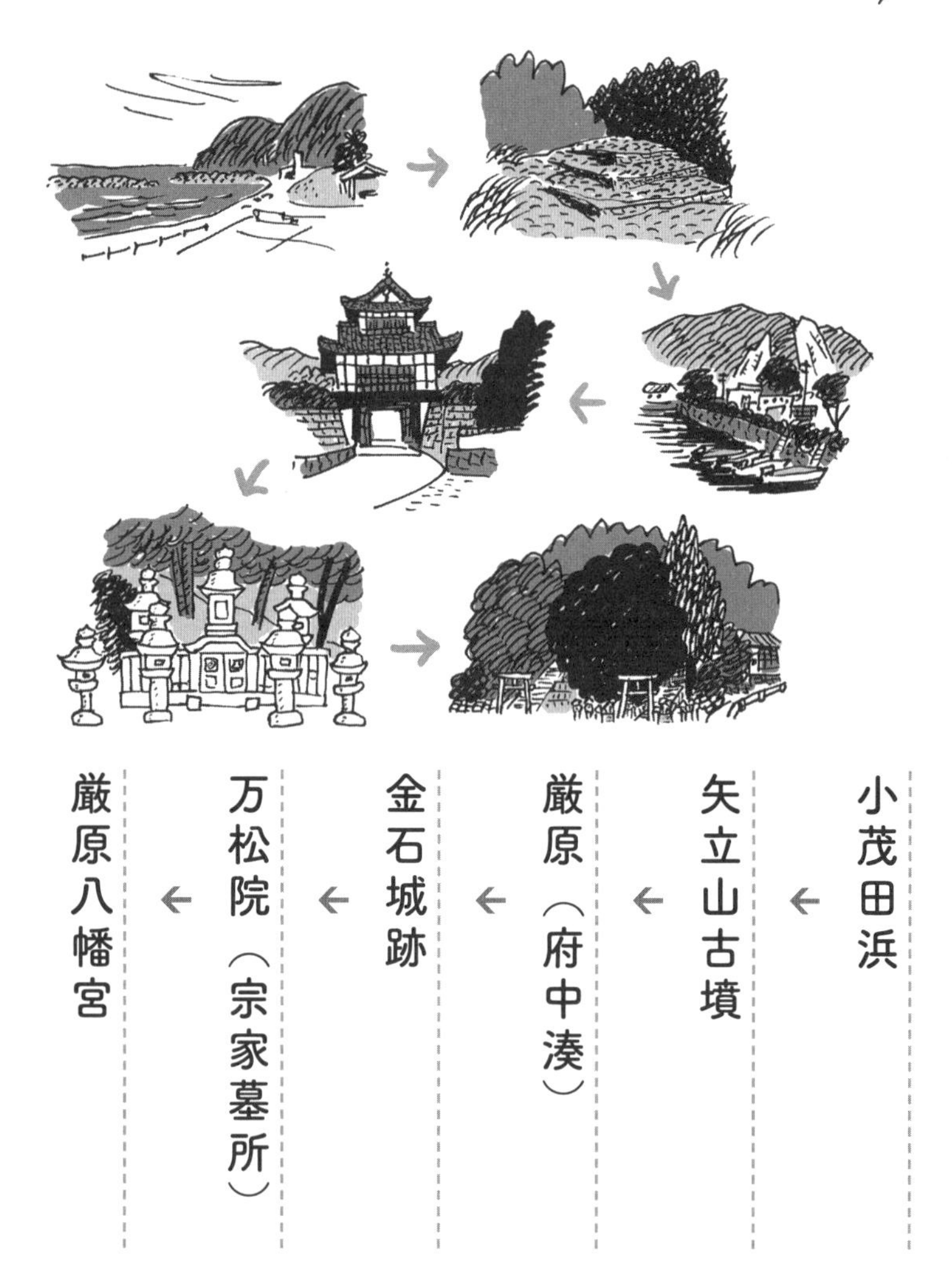
小茂田浜
←
矢立山古墳
←
厳原（府中湊）
←
金石城跡
←
万松院（宗家墓所）
←
厳原八幡宮

釈　「聖地巡礼」、これまで我々は、大阪、京都、奈良、熊野、長崎と旅をしまして、今回は対馬にやってまいりました。朝早くに東京・大阪からそれぞれ福岡へ飛びまして、さらに飛行機を乗り継ぎ、昼前に到着したところです。元々は、長崎の次は佐渡に行く予定だったのですが。

内田　そうです。佐渡には何かあるんじゃないかと思ってね。世阿弥が流されていて、今でも能楽堂もたくさんあるし、日蓮も流刑になってるし、北一輝も生まれているし。茂木健一郎さんも「佐渡がいい」って言ってくれたので、佐渡に決めていたんですけれど、植島啓司先生の「聖地といったら対馬でしょう」の一言で。

釈　聖地のご専門家ですもんね。

内田　「脳」の専門家と「聖地」の専門家のどちらのアドバイスに耳を傾けるべきか熟慮の末植島先生に従うことにしたわけです。でも、急に決まったので、予備知識はほとんどなし。とりあえず僕は司馬遼太郎の『街道をゆく～壱岐・対馬の道』を読んだだけで来てしまいました。

巡礼部　先生、見ていいですか、本。いっぱい折ってありますね。

内田　やっぱり旅の友は司馬遼太郎ですよ。『街道をゆく』です。頁折りすぎて、一体どこが大事なんだかわかんなくなっちゃいましたけど。うちの兄貴がそうでした。参考書の全部の行に赤鉛筆で線引いていて、本が真っ赤。あの～、それではどこが大事だかわかんないんじゃないんですかって言ったら、「全部大事なんだ」って。

旅行ガイドでは、こういう大ぶりの歴史観を語るものってありませんからね。これによると対馬は道が険しいんだそうですよ。『魏志倭人伝』の最初に対馬が出てくるんだけど「山険しく深林多く道路は禽鹿（きんろく）の径の如し」とあるって。禽鹿っていうのは、禽獣の禽に鹿ですからね。鳥・獣がかろうじて通える獣道のような道しかない。

巡礼部 すごいですね、対馬。

内田 日本で一番最初に言及されている場所が「山険しく深林多く」ですよ。だから俺、こんな足ごしらえ（おニューのトレッキングシューズ）してきたの。

巡礼部 では皆さん、まずこちら、三日間コーディネートしていただきます、永留さんです。交隣舎出版企画という出版社をされておられて、ご本もたくさん書かれているので、詳しいご案内をいただけるかと思っています。永留さん、よろしくお願いします。

永留 永留と申します。六〇をちょっと過ぎました。対馬で生まれて、高校までは対馬で育ちました。父が古代史をやっていたもので、中学、高校の頃は発掘調査によく参加していたんですよ。本土の大学が発掘調査すると、父が案内役とか事前調査していました。それで私も遺跡のあるかないかを確認したりとか、手伝わされました。対馬中をずっと子供のときから動き回っていたので、外から来る人には、自分が出来る範囲でいろいろ案内したいとかは、子供心に思って育ちました。今日は、皆さんのお手伝いが出来ればありがたいなと思っています。よろしくお願いします。

一同 よろしくお願いします。

はじまりの対馬（概略　魏志倭人伝）

永留 まずは対馬の歴史を簡単にご紹介しましょう。皆さんも『魏志倭人伝』というのは知っていると思いますが、日本のことを具体的に書いた、世界で一番古い書物です。この中で最初に登場する日本の地名というのが、対馬なんですね。狗邪韓国という朝鮮半島の南端から入ってきて、対馬、壱岐、松浦と旅します。そういうふうに、人類に認知されたときから、大陸との架け橋でした。

大陸との架け橋という点で、もう一つ対馬が重要な役割を持つのは、江戸時代です。今はちょっと変わっているかもしれませんが、江戸時代というと、小学校、中学校、高校なんかで「鎖国」と習いました。今ではわりと有名になりましたけど、外国には行ってはいけない、貿易もしてない、外交もないと教わった時代に、「朝鮮通信使」という外国使節団がソウルから江戸まで行く。その先導役をしたのが対馬藩でした。

もちろん、これに伴う外交というのもありまして、幕府と朝鮮王朝が直接外交交渉をやるのではなく、大雑把に言えば対馬が間にワンクッション入って仲介するという形での外交がされていました。対馬と朝鮮半島、大陸との関係というのは、歴史的に切っても切れない関係です。

さらには、『魏志倭人伝』よりも前の段階、それも縄文時代の始め、早期といわれる古い時代の遺跡から、九州はもちろんですが、朝鮮半島でつくられた土器なんかも出てきます。常時交流していたというのは、そういう土器とか石器からもわかります。たとえば、縄文時代の黒曜石という、ナイフなんかに使われていた石ですが、これは九州では伊万里からよく採れるんです。ここから採れるのは真っ黒なので、見た目ですぐにわかります。これが対馬でも出るわけですが、釜山でも出てきたりする。縄文時代の石器なんかは、対馬と朝鮮でよく似たのがたくさんあります。弥生時代になると、稲作も当然、大陸から入ってくる、青銅器も入ってくる。人と一緒に物(もの)自体は盛んに行き来していたんです。

ただ、こういう話をしますと、「じゃあ対馬では朝鮮の文化と日本の文化が融合しながら発達していったような形跡があるのか」と、よく聞かれるんですが、そういうものはほとんどありません。たとえば家屋の形態とか、昔の青銅の剣とか、そういうものが融合しながら発展していったという形跡はないんです。あるいは稲作文化だとか、神社を中心にした神道というか、農耕儀礼のあり方とか、こういうものは、純然たる日本の様式というのが、今も対馬に伝わっていたりします。もちろん、もう一方では、大きく観ると東アジア世界での類似性などはあります。

あるいは言葉なんかもですね、対馬の言葉、特に対馬の南端の豆酘（つっ）という所には、対馬の中でもまたちょっと独特の方言が残っていたりします。この言葉は何だろうっていうことで、戦後早い時期に、日本全国の人類学とか歴史学とか、民俗学、考古学など、言語学も含めて九つの学会がやって来て調査したときに、対馬に残るそういう言葉は、中世以来の日本の古い言葉だということがわかりました。

朝鮮語の影響というのは、戦前戦後の頃に行き来があったので、その範囲で取り入れたり、ちょっと真似してみたりという、そういう次元の言葉は残っているけれども、古い朝鮮語の影響というのはまったくない。むしろ、日本ではもう廃れたような古いヤマト言葉なんかが残っていて、文化的には、純然たる日本なんですね。本土にもないようなものが残っていたりもする。文化人類学なんかでは、よく文化周縁説っていいましてね、中央のほうで廃れた文化が、かえって辺境の方で古い形をよく残していたりする。それがまさしく当たるような状況の所です。

そんなわけで、対馬の歴史は、古代から現代まで、たくさんのものがあるので、いろんなテーマで見ていくことができます。

内田　ありがとうございます。永留さんのお父様っていうのは、司馬遼太郎のナビゲーターをされた永留久恵さん……？

永留　壱岐・対馬の旅のときですね。その永留です。

釈　ああ、お父様なんですか。

内田　そうでしたか。因縁ですねえ。あの、対馬と朝鮮半島の距離ってどれくらいなんでしょう。

永留　最短距離は五〇キロ未満。一番近い所で四八・五キロ。だから非常に近いです。他方、福岡まで一三〇キロ前後じゃないかと思うんですが、対馬の南北でも八二キロあります。韓国から来る船は、厳原（いづはら）という所と北端の比田勝（ひたかつ）という所に入るんですが、今は釜山から比田勝までは、高速船で約一時間です。

内田　へえ。

釈　一時間か。

永留　よく笑い話めかして紹介するんですが、厳原に住んでる私が比田勝まで迎えに行くと、車で一時間半かかる。

釈　釜山のほうが近いんですね。

永留　そうです。そして島内が、南北にいかに長いか、です。そういう地理です。

巡礼部　人口は三万人ぐらいですよね。

内田 人口三万人で、観光客が三〇万人。人口の一〇倍が韓国から来るんだ。

巡礼部 近いですもんね。

内田 司馬遼太郎を読んでいたら、釜山に映画を観に行くって話がありましたね。

巡礼部 載っていましたね。六〇キロ離れた釜山にちょっと映画を観にいくって。

内田 対馬の北のほうから南に行こうとすると泊りがけなんだけれども、釜山なら日帰りできる。

釈 昔から韓国では子供を怒るときに、悪いことをしたら対馬に流すぞって。

内田 そうそう。だってね、ここが倭寇の原産地ですからね。

釈 心情的には、日本本土より韓国のほうが、むしろ対馬とは近いのかもしれないですね。

小茂田浜（元寇、日露戦争）

元寇の古戦場

永留 今日はまず、国境の島らしい歴史が感じられる、小茂田浜（こもだ）へご案内します。皆さんご存知の、元寇の古戦場です。

内田 あの元寇の現場ですか。

永留 七世紀末頃の古墳もすぐ近くにありますし、小茂田という土地自体は、元寇以前から重要な場所だったようです。当時の海岸線はもっと内陸のほうだったんじゃないかといわれているんですが、今の小茂田浜の海岸はここなので、この位置に神社があります。

内田 ロケーションはいいですね。

釈 ほんとですね。後ろは山で、横は海で、社殿としてはすてきな場所ですね。社殿の様式、あらかじめ調べておくべきだったなあ。この鰹木（かつおぎ）が奇数だと男性神とかいいますけどね。小茂田浜神社の祭神はどなたなんですか？

正面が小茂田浜神社の本殿。左手には防風林。

永留　対馬藩主の宗家の始祖で、鎌倉時代の武将、宗資国（そうすけくに）さんです。

内田　ここで亡くなった方ですね。

永留　はい。一度目の元寇、一二七四年の「文永の役」の総大将です。

　対馬ではあちこちに戦殿（いくさどの）神社や師（いくさ）大明神があって、ここも軍（いくさ）大明神と呼ばれていた時期もあるんです。要するに、元寇のときに奮戦してくれた人たちを祭っています。宗家の一族の人は、下野（しもつけ）二郎とか越前五郎、甲斐六郎と、対馬のあちこちに供養塔が建っています。南北朝時代から室町時代にかけての形式が多いので、墓そのものというより供養塔じゃないかといわれ、伝説化していますが地元では「墓」ということで語り継がれてきました。ここではかつての軍大明神が、小茂田浜神社という名前になっています。

全島各地の古戦場や墓は、それを確かめる文献史料は少ない。ただ、ここだけは、江戸時代に家老だった斎藤家の古文書の中に、先祖の斎藤資定が「宗資国と一緒に小茂田浜で討ち死にした」という内容を書いたものが伝わっているんです。それで、少なくとも宗資国という人物が実在し、この小茂田浜に元軍が襲ってきて合戦になった、そして資国以下がここで討死した、というのは明確な史実として確認されています。

宗資国の「すけ」という字は、後には「助」に変わりますが、当時は宗家は少弐氏に仕えていて、その頃の「すけ」は、少弐からもらった「資」という字を書くんです。だから郷土誌では「助国」ですが、当時の本名は「資国」です。少弐と縁が切れた頃から、「助」と書くようになりました。斎藤家から見つかった文書には斎藤資定の「すけ」を、やっぱり「資」と書いています。そういうこともあって、これは紛れもない当時の史料だろうと。それで、宗資国さんの討ち死にした場所、元寇の古戦場ということで定着しています。

大祭は一一月の小茂田浜祭りで、鎧兜（よろいかぶと）姿の武者たちが浜まで行列して、水平線のほうに向かって弓を射る。そういう儀式があります。

内田　甲冑姿で弓を。

永留　結構古い鎧を着けて行列します。弓を引くのは宮司さんですが、鳴弦の儀では水平線に向かって、ここに立って鏑矢（かぶらや）を射るんです。

激しい戦いを伝える解説板。大軍を迎えうつ合戦図がほぼ伝説化している。

釈　鳴弦ですね。ビョンビョンビョーン。「兵三万」って書いてありますが。三万の兵を八〇騎で？

永留　いろんな資料や研究を見ても、元からやってくる軍勢の全てが、対馬も、壱岐も、博多も攻めるなんてことはないだろうと思います。まず、いくらかの先発隊が対馬を攻めたのではないかと。だから、三万人の軍勢がここの沖に並んだかどうかは別にして、相当の大軍に八〇騎で応戦した。

釈　じゃあ、対馬と壱岐で何とか抑えられた、というわけではなく？

永留　抑えたわけじゃない。むしろ元軍の先発隊が対馬を抑えて、次の部隊が壱岐へ、そして本隊が博多へ……。

釈　やられたから博多まで行くことになるんですね。

永留　そうですね。二度目の一二八一年の「弘安の役」の時には、博多から唐津のほうまでずっと、砂浜沿いに防塁というのを築いて、西日本の御家人たちを集めて守らせています。西南学院大学の敷地にも実際に残っています。けれど、対馬と壱岐には防衛の兵士というのは……。

釈　送らず、ですか。

永留　資国の軍勢以外は送られていない。防衛ラインの外なんですね。それでも、対馬は山が多いから山に逃げられるけど、壱岐なんか平地だから、逃げ場もない。要するに、防衛施設ができたのは九州本土の海岸ラインですね。実際問題として考えて、対馬や壱岐で何万の大軍を食い止めようというのは軍事的に不可能でしょう。作戦としては。

釈　成り立たないですよね。

内田　しかし日本人にしてみたら、元寇って、かつて経験したことのない衝撃的な出来事ですよね。

釈　アメリカでいえば、九・一一同時多発テロ級の大ショックでしょう。トラウマになるような。

巡礼部　元寇のときは主だった戦闘は本土であったんですか?

永留　博多に上陸しようとする元軍と、それを阻止する日本軍という構図です。その時に八幡神以外は、神や仏も助けてくれなかったというのがトラウマになって、八幡信仰を強めたという人もいます。二十余の古い式内社が対馬にあるのに、対馬国一ノ宮は式内社にはない八幡神社（上津八幡宮）なんです。

巡礼部 九州本土で防いでいる間に神風が吹いたんですか？

永留 そうですね。

釈 沖に停まっている船がことごとくやられたんでしたね。

永留 二回目のときなんかは、かなり上陸して激戦になって、いったん撤退しようとするんですね。撤退というか、中国のほうから来る部隊と合流しようということで、壱岐経由で鷹島のほうに向かうのかな。そこで嵐にあって、今、鷹島で海底から元の沈没船が見つかったりしているわけです。

釈 ほう、見つかっているんですか。

永留 碇や「てつはう」なんかも一緒に。

釈 「てつはう」という破裂するやつですね。

永留 絵巻に破裂している絵がありますね。破裂して馬が驚いたりするあれ、そのもの。

釈 そのものが出ているんですか。

永留 はい。海底から。

内田 そういう話を聞くと、元寇がリアルな歴史的出来事だと実感されますね。

日露戦争の戦勝記念に奉納された当時の砲弾。

日露戦争の砲弾

釈　こちらには何か砲弾のような物が置いてあります。

永留　これは日露戦争のときの。

釈　日露戦争の砲弾ですか。すごい。

内田　日露戦争の頃のいろんな物がありますね。

永留　特に日露戦争は、対馬沖で海戦があって、しかも勝ったというので、砲弾とか、そういうものが戦勝記念という形で神社に奉納されたみたいですね。あちこちにあります。

内田　日本海海戦か。こっちには「大日本帝国国旗掲揚柱」。これは明治三九年。一九〇六年ですから、日露戦争の終わった翌年ですね。

釈　そうなんですか。

永留　国威発揚に使ったんでしょう。

小茂田浜の海岸。かつての古戦場は海浜公園に。

釈　元寇に日露戦争。戦いの海ですね。しかし今は、なんときれいな。きれいな海ですよ、皆さん。大らかな気分になります。漂着した発泡スチロールがいけませんけどね。発泡スチロールが踊っています。

内田　ジャンプしてますね。

釈　漂着物がジャンプしていますけど。いやしかし、ここは気持ちいいなあ、風も。いい季節ですね。気持ちいいなあ。

法清寺（お胴塚、平安時代の仏像）

胴塚と平安時代の木像（仏）

永留 小茂田浜から一キロほど離れた法清寺にやってきました。ここに、先程の宗資国（助国）さんのお胴塚があります。胴塚がここにあって、首塚も一キロぐらい離れた所、太刀塚もまた違うところにあります。それほどの奮戦だったということを思わせる配置ですね。

こちらの石に「御胴塚」って書いてあるので間違う人も多いんですが、この五輪塔がほんとうの供養塔です。

釈 これですね、五輪塔の形態の供養塔です。

永留 元寇とは無縁ですが、向こうには観音堂があります。観音様というのはどこにもあるんですが、対馬では特に六観音といって、この佐須と、豆酘、曽、三根、仁田、佐護というのが六観音と呼ばれて、特に信仰されてきました。

釈 観音信仰が線でつながっているのでしょうか。

お胴塚の呼び名にも、元寇での奮戦ぶりが如実に伝わる。

永留 戦前ぐらいまではですね、成人した男女、鉄漿付け(カネツケ)が終わった女性と、元服した男性と、村ごとに連れ立って六観音をお参りする六観音巡りというのがあったんですね。それを通じて対馬全島、どういう村があるのか、どういう所があるのかとか、また滅多に会えない親戚を尋ねたりとか、あるいは若い男女ですからね、そこで出会い

苔むした古い五輪塔がひっそりと建つ。

が生まれたり、よその土地の男女が知り合ったりとか、意味はいろいろあったようです。いわば修学旅行と青年団の行事が重なったような、その六観音の一つが、ここの観音様です。

内田 いいですね。若い男女が六観音巡り。

釈 千手千眼観音があるようです。でも、お厨子に入っている。お前立ちもなく、お姿はわかりません。秘仏なのかな。

永留 左右のね、格子があるでしょう。その中に何体もあるんです。いつ頃の仏様だと思います？

釈 どうですかねえ。中世ぐらいの。室町？

永留 一番古いのはね、平安時代なんです。

釈 平安、それはすごい。

永留 だからもう、木像ですし、ボロボロに近いようなのもあります。

釈 すべて観音像ですか？

永留 地蔵、如来、梵天、文殊……いろいろです。

矢立山古墳

独特の古墳

永留 次は、さらに時代をさかのぼって、矢立山古墳へご案内します。

白村江で日本軍が大敗したあとの六六七年に、浅茅湾（あそうわん）の南岸に「かなたのき」（金田城）または「かねだじょう」と呼ぶ朝鮮式山城というか、百済式山城がつくられました。七世紀末頃です。有力な対馬の直一族か卜部一族かが、この小茂田にいたことになります。まだ墓の主はわかっていません。

釈 直角の「直」と書いて「あたえ」。官名なんですか？

永留 そうです。国造（くにのみやっこ）なんかのワンランク下ですね、次のランク。だけど、それを姓に使うんです。役職を姓にすることがよくありますからね。

（バス下車）

永留 こちらです。いまは海から離れていますが、元寇の頃まで、この辺まで海岸線が入っていたと思われます。ここの古墳は、対馬のほかの古墳よりも、海抜としてはちょっと高い所にあります。周囲は恐らく海だったはずなので、岬の上につくられたのでしょう。

(古墳への道)

内田 これ、かなり、ハードですね。

巡礼部 登り甲斐ありますね。

内田 ほんと、山靴でよかったわ。スニーカーだときついわ。

(古墳が見えてくる)

釈 これ、掘って出てきたんですか? 完全に土中に埋没していたんでしょうか。

永留 いや、結構見えていたらしいですね。ここと隣の二号墳は見えていたんです。もう一つ向こう側にですね、石が積み上げられている所があって、畑づくりの邪魔になる石を集めたんじゃないかと思われていたんですが、この古墳の再調査をしているときに、あちらにもどうも古墳がありそうだよということになって、石室が確認されたんです。これは未盗掘でした。

巡礼部 発見はいつ頃なんですか?

永留 結構最近です。二〇〇一年か二年頃です。でも、それらしきものとは思われていた時もあったようで、江戸時代の貨幣なんかが入口の辺に置かれていたり。

内田 じゃあ、誰かお参りしていたんですね。

矢立山第一号墳。四角形の墳丘がはっきりわかる。

身分を示す鉄刀が出土した第一号墳の石室内。

永留　誰かがお祀りしていたり、その程度には認知されていた時期もあった。

釈　結局こういう所に、みんなお墓をつくるんだね、高台の斜面に。

永留　対馬の古墳は、最初は円墳とか前方後円墳と報告されても、後の研究者がいろんな事例を見ると、これはどうも方墳じゃないかということがよくあります。研究者が実測して図面を書くとハッキリわかります。これはもともと直線のラインだとか、角があるとか。ここも方墳です。

釈　きれいな方墳ですね。

巡礼部　この方墳の角、かなりハッキリ出ていますけど。これ、初めからですか？　並べ直したんですか？

永留　これは復元ですね。ちょっとやりすぎたかなあとか、言う人もいるけど……、冗談まじりに。

釈　元の形とは少し異なっている？

永留　いいえ、これに近い形だったんじゃないかと思います。

釈　石室がありますね。きっちりした石室の石組みになっています。ここも、誰が葬られたかはわからずじまいなんでしょうか。

永留　やっぱり直一族だろうと思います。この頃は下県（しもあがた）の直。

釈　何か副葬品が見つかったりしていますか？

永留　はい。土器のほかに食器みたいな、お椀のような感じの銅鋺(どうえん)が出ています。仏具でもあるんですが、ここの場合は、仏教というより、ただの食器として使われたんじゃないかと思われます。

ほかに太刀(たち)が出ました。ここには何人もの方が葬られているのですが、副葬品の中には、聖徳太子の画像にあるような腰に下げた太刀や、実戦用の太刀もありました。だから、主人とその家族、さらに位はちょっと下かもしれないけど、実戦部隊を指揮するような人も含めた一族だったのではないかと考えられています。

（次の古墳へ）

永留　こちらの古墳には、とても珍しい石室があります。こっちから見るとT字型になっています。

釈　あ、ほんとだ。

永留　入口の通路を羨道(せんどう)というんですけどね、羨道があって、その奥に石室が広がっているというのは、よくあるパターンなんですよ。その場合は羨道の天井というのは棺を置く玄室(げんしつ)より低いです。だけど、これは同じ高さでずっと続いているんですね。羨道ではなく玄室なんです。

釈　ほんとにTの字型になっていますね。初めて見ました。

永留　そうですね。これと全く同じ形は見つかっていません。よく似た形のものは、北陸やら高句麗のほうで所々見つかっているんだけど、実地によく見るとやっぱり違うようです。
釈　オリジナリティーの高い様式なんですね。
永留　どういう系統の石室なのかがまだ未解明なんです。
釈　これ、時代的には古墳時代のいつ頃でしょうか。
永留　古墳時代のかなり終末期です。古墳時代は、地域によっては既に終わっていても不思議でないくらいの、そういう時代。対馬には、初期とか中期頃の古墳もありますが、それは丸い自然石みたいなのをずっと積み重ねてつくっています。これはもう終末期だから、こういう石積みになっているんでしょう。
西暦六四五年に大化改新があって、すぐ後に民衆の負担を軽くしようと、薄葬令というのが出されています。
巡礼部　薄葬って？
釈　お葬式とかお墓は、簡素にしなさいということです。
巡礼部　そういう波が来るんですね。で、また派手に。
釈　そう、また派手になる時代がくる。それの繰り返しですよ。我々の社会では、今ちょうど質素にしようという波が来ているというところです。家族葬や直葬が増えています。
巡礼部　業者が困るやつですね。
永留　（笑）仏教も入ってきて、こういう大がかりな葬式、大勢を動員して土木工事みたいな大きな墳墓をつくるようなことは慎もう、小さくてもいいじゃないかということになってくるんです。しかし法律を出したからといって、全国一律にピタッと止まるわけじゃない。だから、ほんとうになくなってしまうまでの期間の古墳です。いよいよ最後のときですね。須恵器とか土師器とかの形式から見ても、そういう時期だと確認されています。

未調査&未観光地化

内田 対馬には、未調査の古墳とか、ほかにもあるんですか？

永留 ありますよ。

内田 これだけ重要な所なのに、調査が進んでいない理由というのは……、予算がないからですか？

永留 部外者なので、よく判りませんが、今、新しい博物館の準備とかしているし……。

釈 着手していく順番があるんですかね。

永留 それに、対馬は国指定の史跡なんかも結構多いんですよ。その整備事業があったりするので、そういうことの手配とか報告書を書いたりに追われる。六町合併で市になったので、島全体で見ると遺跡の数は変わらないのに担当者は減ったことになります。

内田 わかっているのに未調査というのは、いかにも行政的ですね。書類を書くのに忙しいから古墳が手つかずというのは。

釈　ここの古墳の調査なら、科研費が下りると思いますけど。

内田　でも、調査もされてないけど、観光地にもなってないですね。商業主義というのが入ってこないと、いかにこういうものが無事に保存されるかがわかりますね。

釈　長い目で見れば、結局、商業主義から少し距離をおいているほうが持続可能性は高いのかなあ。しかし、つい目先のことに飛びついてしまいますからね。商業主義やビジネスベースというのは、結構無敵です。これと四つに組める理屈は、なかなかありません。

内田　ビジネスベースの最大の弱点は、マーケットのサイズがあるレベルを超えない限り発動しないということです。対馬はマーケットとしては小さすぎるんですね。初期投資を行ってもすぐには回収できない。投資がすぐに回収できない投資先は「存在しない」ことになる。この古墳なんかだって、観光資源としては潜在的には大したものですよ。

釈　ここはすごいポテンシャルがありながら、マーケットが小さすぎて成り立たないんですね。

内田　いいのか悪いのか。

釈　しかし、こうやって古墳に囲まれるというのもいいもんですね。

内田　お墓としては素敵な場所ですね。ほんとに風水がいい。

永留　風水といえば、ここはちょうど山の尾根がこう、岩脈になってこっちに伸びてくる所なんですね。その尾根の伸びてきた所、風水では竜骨といいます。

釈　なるほど。山の稜線が、この場のポイントか。

永留　高貴な人のお墓ですから、そういう風水の思想も取り入れて、この地が選ばれたようです。

釈　ここに来るまでも、しばしばこういう山肌や斜面にお墓がありました。墓所へのマインドは今も変わっていないのではないでしょうか。

内田　これだけ山が入り組んでいると、風水のいい所もいっぱいありそうですね。

釈　風水って、こういう所で力を発揮するのかもしれないですね、都市よりも。

内田　やっぱり山に尾根がこういうふうに左右にきて、その懐の中に包み込まれるような感じがいいですね。

巡礼部　大きい子宮のような？

釈　お墓と子宮回帰のイメージ。

石屋根の倉庫

（車中から椎根集落を眺める）

永留　次の目的地、久根に向かいながら、椎根という集落を通っています。結構広い田んぼのある所で、川岸にずっと石屋根倉庫が並んでいます。対馬らしい風景ですね。

釈　あ、ほんとだ。

集落の中央を流れる川沿いに並ぶ石屋根倉庫。

永留 その先にも大きいのもあります。

釈 うわあ、独特ですね、これ。

永留 この大きいほうは大正時代だったかな。こちらが昭和に入ってからだと思います。

釈 昭和の時代になっても、こういう建築方法が続いていたのですね。

永留 七、八年前、たまたまここを歩いていたら、これを建てた大工さんが寄ってきて、これは「俺がつくったんだぞ」って、そういう話をしてもらいました。

釈 何か利点があるんでしょうか、この石の屋根というのは。

永留 対馬では、まず小屋の立地そのものが母屋から離れた所につくることで、火災で延焼しないようにしています。石の屋根というのは、その上での火の対策と、台風とか、台風じゃなくても、前線が通過するときにはミニ台風みたいな風が吹いたりしますので、飛ばされないように風対策。

釈　重たいからですね、石の屋根は。基本的には倉庫に使うのですか。

永留　倉庫です。普段は使わない着物やお客さん用の布団だとか、あるいは保存用の穀物なんかも普段使わない分はそこに貯蓄します。酒や味噌・醤油なんかも大きな甕に入れて貯蔵しますます。結婚式だとか、宴会みたいなときにしか使わない大量の食器なんかもしまっておきます。だから、もし万一、母屋が焼けても、一揃えの穀物とか衣類が、応急的に間に合うぐらいはあるんです。

内田　対馬流リスクヘッジですね。

久根（安徳天皇陵墓参考地）

伝説 on the corner

永留　久根の村にやってきました。安徳天皇陵墓参考地がある所です。

釈　ほう。安徳天皇陵。これまた平安時代。

永留　あの正面の丘です。ここからずっと左側をグルッと回って、正面の丘の頂上辺りに登った所ですね。山道を行きますから、バスは絶対入れない。軽自動車でも、慣れていないとちょっと怖いかなという感じの所です。

釈　今ね、いい感じの鳥居がちょっと見えましたね。

永留　ちょっと森になった所ですね、かつて五所大明神とも呼ばれていた、銀山上神社（ぎんざんじょうじんじゃ）というのがあります。式内社（しきないしゃ）で、延喜式のふりがなでは、「しろかねのかみつじんじゃ」とあります。この辺は大調（おおつき）ともいうんですが、租庸調の調という字を書いて「つき」と読ませています。大いなる調……銀を献上したというのが語源です。

先ほど行った佐須の法清寺の近くにも、銀之本（かねのもと）と呼ばれる古い鉱山があって、それが古代の銀を採った、日本で一番古い坑道跡じゃないかといわれています。七世紀ぐらいにはすでに採掘されています。そこには銀山神社があるんですが、これは近世（江戸時代）には六所大明神と呼ばれていたんです。

それに対して、こちらの銀山上神社は、五所大明神。ここは五所で、向こうは六所。ひょっとしたら銀坑の数を指しているのかもしれないと言われています。銀坑ごとに神様が祀ってあって、五カ所坑洞があったら、それをまとめて五所大明神として祀ったとか、そういうことも考えられます。

でも、川に架かる橋は、おなじ「ごしょ」でも「御所」橋です。だから、そういうのも安徳天皇陵説に結びつけて、「いや、ここには御所があったんだ」と言われたりもする、そういう所です。

釈　じゃあ、平家が落ち延びてきた伝説などがあるわけではないんですか。

永留　ではないですね。でも、後に、宗氏は始祖を平家と言ったり、さらに安徳天皇と言ったりしました。

釈　日本中どこへ行っても平家の里がありますが、さすがの平家も、ここまでは。

内田　よう来ません。

巡礼部　神社の中に鏡があって、寿永何年と書かれているとか。

永留「寿永用保」と書かれているんですが、寿永というのは源平合戦の年号でもあるんです。だから明治になって宗家が爵位を上げてもらうために運動したことがありまして、そのときに改めて安徳天皇始祖説が出てくるんですね。もとは江戸時代に、それまで平清盛を祖先だって言っていたところからちょっと進んで、安徳天皇こそが始祖だと。

釈　伝承の歩みを進めたと。

永留　江戸時代になって太平になると、どこも大名家とか武家はね、みんな源氏か平家、あるいはどこかの天皇に遡る（さかのぼ）ような家系づくりというのがはやりました。でも今の世の中みたいに、別に嘘を言って詐欺をやるというほどの意図じゃないようです。

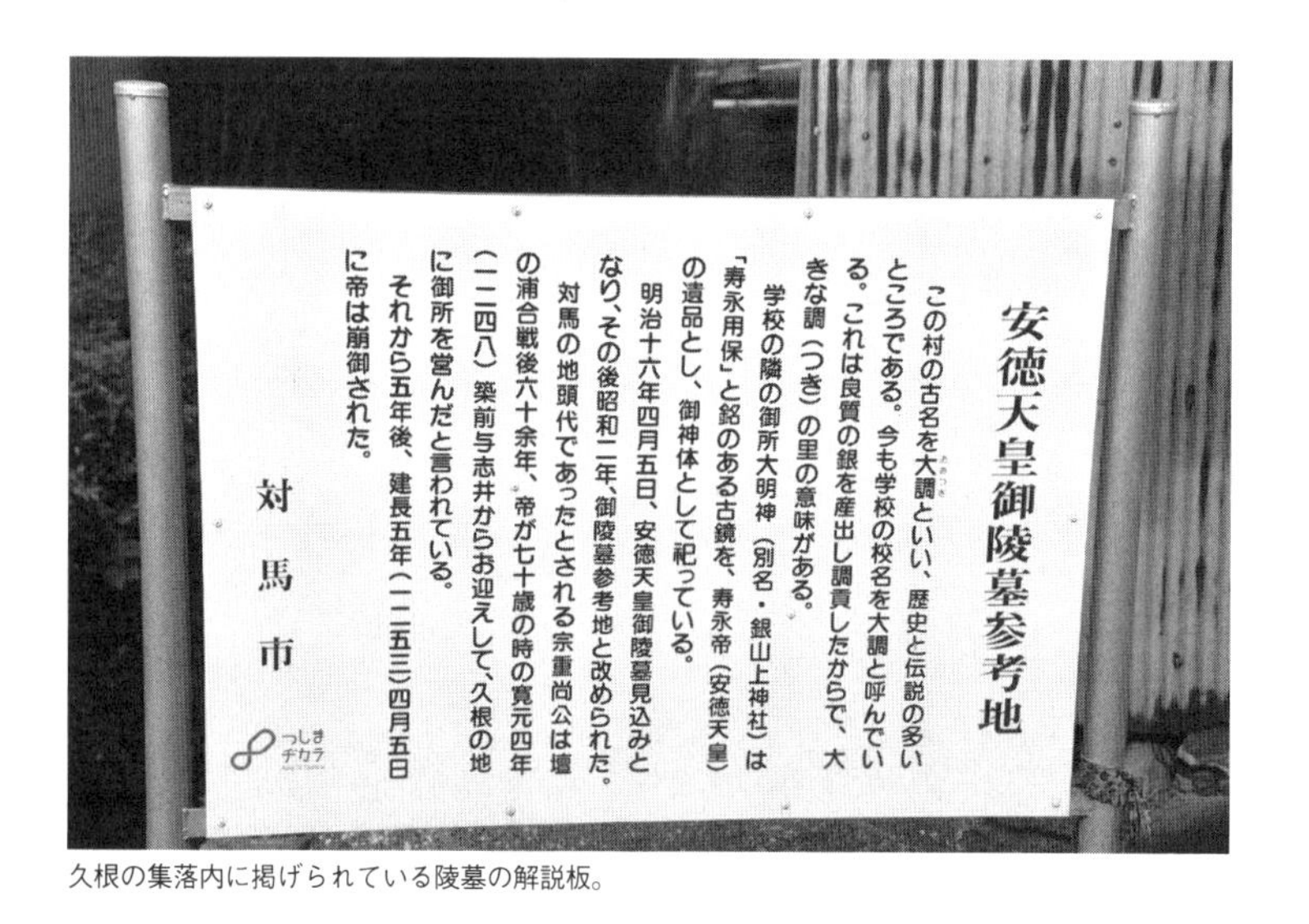

久根の集落内に掲げられている陵墓の解説板。

釈　そうなんですか。

永留　ただ、飾るためにそういうふうに言ってみたまで。久根の一帯では、ほかにも山の中に、お墓みたいなのがずっと並んでいたりとか、犬を祀った塚とか、馬を祀った塚とか、そういうのがあちこちにあったりして、そういうのも全部、これはやっぱり安徳天皇の関係みたいに結びつけられた話です。寿永という言葉も、中国の鏡によく使われます。

内田　しかしちょっと回っただけで、元寇、日露戦争、古墳に銀山に安徳天皇……って、ほんとうにね、伝説 on the corner ですなあ。辻ごとに歴史や伝説がある。対馬は、その密度が半端じゃないですね。

厳原

朝鮮通信使接遇の地

永留 対馬のいろんな時代を見ていただきましたが、これからしばらくは江戸時代です。城下町であり、いまも対馬の中心地である厳原の町を歩いてみたいと思います。この大通りというのが、朝鮮通信使が来たときに、お城まで行列した道です。

内田 「接遇の地」とある。ここで会ったんですね。

永留 朝鮮通信使は、はじめは日本に連行された人々を連れ戻すためのものだったのですが、日朝双方が長年にわたる難しい交渉を重ね、雨森芳洲なんかが唱えた誠心の外交、真心込めて両国の交わりをつくろうということで、日本の将軍が変わったときに、朝鮮国王がお祝いの国書を届ける、という形で成立していました。一六〇七年が第一回目で、十二回目の一八一

対馬と韓国の双方の人々が建てた朝鮮国通信使之碑。

一年まで。終わってしまった理由は、双方の経費節減です。時代の変化というか、本来の意義が薄れてしまったのでしょう。最後の通信使は江戸まで行かず、まさにこの場所で、国書交換などをしました。

内田 通信使は徳川将軍の代替わりのときに来るんですね。

永留 ええ。正式には通信使が来るんだけど、通信使派遣がないときにも、訳官使という使節が来ています。訳官というのは、朝鮮の場合、中国語の訳官と、倭学訳官といって日本語の訳官と両方いました。その、日本語の訳官が、たとえば対馬藩主の慶弔などに派遣され、外交交渉もありました。

内田 なるほどね。通信使以外にも来てたんですね、ずっと。

永留 はい。

内田 幕末の徳川慶喜のときまで続いたんですか？

永留 最後は一八一一年だから、家斉将軍です。その後はなかなか交渉がまとまらなかったり、交渉がまとまって、いよいよ通信使の接待準備だぞっていうときになって、将軍が亡くなったりとか。交渉がまとまらないうちに、明治維新になりました。

内田 もっと前に来なくちゃいけなかったんですね。

永留 そう。

内田 短命の人いましたね。十三代家定も、十四代家茂も短命だった。

永留　そうそう。一八六八年が明治維新ですから、一八一一年からあとは、通信使というのは結果として一回も来ていません。対馬で国書交換の儀式をやったときには、国書ですから、将軍は来ないけど、幕府からも幕臣とかが代わりに来るわけですね。あるいは、九州の幕府に近い大名家なんかも。

内田　譜代の大名とか。

永留　そういう人たちの宿舎に、家老屋敷とかが充てられるんです。だから、多分、接遇の地という碑はそういうことも含めてだろうと思います。観光協会がある交差点の三カ所に、宗家の家老の中でも御三家といわれる人たちの屋敷がありましたから、幕府の上使、将軍の使いという一番偉い上使は、この三軒のうちのどこかに泊まったのでしょう。

釈　ここにも御三家がいるんだ。

永留　これは、その家老の古川屋敷の長屋門。これが昭和まであったので、まだ人々の記憶にもあって、再現されました。

内田　あったんですか？

永留　ええ。町の人にずっと親しまれていたんです。ここを再開発するときに、ぜひ、その門を再現してほしいという声が強く出ましてね。

内田　これはレプリカですよね？　もとあった門は壊しちゃったんですか？

永留　ええ、いったんは。大通りからの見た目はできるだけ当時のままに再現してあります。

御三家と呼ばれた古川家老家の長屋門（再現）。中には「観光情報館 ふれあい処つしま」がある。

内田 ここは大手門に当たるわけですね。この辺が東京でいうと大手町。

永留 そうです、そうです。だから、ここから真っ直ぐ抜けた向こうの川に大手橋が架かり、町名も大手橋といいます。

内田 やっぱり。

永留 では、港へ向かいましょう。

通信使の港

内田 あ、潮の匂いがいきなりしてきましたね。そんなに歩いてないのに。

釈 ほんとうだ。

永留 うん、ここは海水が入っています。

内田 あ、ここはもう海なんですね。

永留 ちょっと今は引き潮で海底が見えていますけど。ここが、江戸時代には府中湊（みなと）と呼ばれていた所です。

かつての府中湊と中矢来の石積み（右側対岸）。奥に立亀岩が見える。

釈　港なんですか。

内田　船着き場なんですね。

永留　ええ。大きな石積みがありますね。江戸時代に積まれたまま残っています。

釈　この石は、対馬の石ですか？

永留　対馬の石ですね。普通にある、この近くの石だと思います。

内田　通信使の船は、そこから入ってきたんですか？

永留　そうですね。この沿岸まで来ると、引き船で引いて入ることになります。そしてここはスロープみたいになっていました。満潮のときにここに船を乗りつけておくと、潮が引くと船の底まで見えますからね。それで、簡単な修理なんかはしたんじゃないかということです。

内田　こっちが内矢来で、あっちが外矢来。

永留　人が入ってこないようにする竹矢来ってありますよね。これは、波が入ってこないようにするための矢来。防波堤みたいなものですね。

釈　防波堤を二重三重に組み合わせてあるんですね。

永留　正面は中矢来といって、その外側に外矢来。

内田　あ、あそこ、もう海なんだ。右に曲がった所から外洋に続いているんですか？

永留　はい。こちらがもう外洋に続いてますね。

内田　この辺はかなり水深深いんですか？

永留　もうちょっと先のほうになると深くなりますね。

内田　ここが湾の一番奥なわけですね。朝鮮通信使の船って、そんなに吃水がなかったんですね。ここまで入ってこられるということは。

永留　ある程度の深さはありますよ。岩のところでガクッと深くなっていますから。手前は、川からの土砂で堆積して浅くなっています。

内田　そうか。

永留　最後の通信使が来たときに描かれた絵を見ると、屹立している岩があります。あの岩ですね。立亀岩といいます。地元では「たてがみ」、「かみ」って言いますが、漢字で書くと「立亀」と書きます。「たてがめ」と言う人はいません。厳原では「たてがみいわ」と言います。

内田　これはもうランドマークですね。

永留 飛行機の航路ができるまではね、ここから船で出入りしていた。博多に行くにしろ何にしても、確かに目印でしたね。

内田 フェリーもここから？

永留 はい。だから、この立亀岩の下を通って船着き場へ行って、見送る場合にはテープを張ったりとか。博多から船で帰ってきてこの岩が見えると、ああ、やっと厳原に帰り着いたなというような、そういう思い出の場所でもありますね。地元の人にとってみれば。出入りする船の安全祈願をしたりもしたんでしょう。あの岩の向こう側に住吉神社があります。

釈 住吉さんをお祀りしているのか。

内田 当然、住吉神社ですね、これはね。

（永留さんの知人らしき男性が近づいてくる）

男性 先生、今日はどういう案内ですか。

永留 今日は、東京から来られた方たちを案内しています。

男性 私は韓国から来ました。

内田 こんにちは。

男性 対馬、すごくいい所なんです。私は、今日、九三回目です。

内田 えっ？

男性 見所がいろいろたくさんありますよ。文化的な遺跡もあちこちに残っているので。楽しんでいってください。

内田 ありがとうございます。

永留 釜山の文化財団の、前の理事長さんです。今日は、博物館建設に関して、市が韓国の文化人の方から意見を聞くということで来られているみたいですね。こういう方に助けられています。

内田 やっぱり、すごい頻繁な行き来があるんですね。

釈 九三回目と言ってましたね。

巡礼部 九三回って、内田先生が年間に新幹線でどっか行く回数と同じぐらい。

釈 ほんまや。

内田 釜山は近いんですねえ。福岡よりも釜山のほうが近い感じなんですか？

巡礼部 ヒュッと行く感じですか。

永留 ええ、近いし、船賃も安い。冬は季節風が強くて寒かったりするから、観光客がちょっと落ち気味になったりするので。一昨年行ったときは、とても安く三千円か四千円ぐらいで行けましたもんね。

巡礼部 ええ、そんなに安く行けるんですか？

永留 対馬からの限定ですけどね。まあ、対馬経由で行けばいいんですけど。そんなに簡単に外国に行ける所も珍しいでしょう。

内田 そうですね、ないですね、確かに。僕も、初めて釜山に行ったときは、新幹線で福岡まで行って、そこから船で行ったんです。近いですね。

巡礼部 船だと、どのぐらいかかるんですか？

内田 二時間半ぐらいだったかな。

巡礼部 二時間半で行けるんですか。近い。

内田 神戸から博多までの時間と、あんまり変わんない。

巡礼部 ですよね。

漂民屋跡

釈 さっきとは反対側の、河口のほうにやってきました。川にはさまれて張り出した所に、自衛隊の駐在員事務所があります。

内田 これが自衛隊？ こんな小さいんだ。いったい駐在員何人いるんでしょうね。対馬にゴジラが上陸したらどうするんですか。

巡礼部 でもすぐ意思決定できますね。

内田 そうか、意思決定が早くていいんだ。

永留 （笑）。江戸時代、ここには、漂民屋（ひょうみんや）というのがありました。漂民とは、漂流して来た人、

府中湊の一角、中矢来の対岸にある漂民屋跡。

漂着した人のことです。

釈　対馬は漂流民が着くでしょうね。

永留　朝鮮に送り返すまでここで保護したんです。「送り返すまで」というのは、それなりに身元チェックします。密貿易とか犯罪絡みで逃げてきたり、密貿易をやろうとしている人たちじゃないということを確認して送り返すんです。

さらに対馬以外に漂着した場合には、それぞれ流れ着いた所の藩が自費で長崎奉行に届けます。だから、そういう人たちも朝鮮に送り返すまでは、対馬藩が預かっていました。

釈　江戸時代ということは、鎖国の時代にも変わることなく。国交断絶した時代もやっていたんですね？

永留　はい。

釈　まあ、流れてきますよね、距離から言って。

永留　江戸時代のうちに、日本全体で大体一万人ぐらい。一千件一万人ぐらいで、そのうちの三千人ぐらいは対馬に来ています。だから、一件辺りの漂流民の数というのも結構多いんですね。平均一〇人ぐらい来ているということは、こういう小船じゃなくてもっと大きな、たとえば済州島と本土を渡るような船だとか、年貢米なんかを運ぶ船だとか、結構大きな船が遭難していたみたいです。

特に冬なんかは、対馬では「あなじ」と言いますけど、北西風がすごく強いんですね。この北西風が吹くと、南のほうからの対馬海流とぶつかるから、大きな三角波が立つんです。これに遭うと、すぐ船は引っくり返ってしまう。そういう海です。小さい船は、それこそ海の藻屑になったのかもしれません。

江戸時代には、そのあたりの送還システムなんかも結構整備されてきて、漂着した所から長崎奉行までは各藩の負担にするとか、そこから先は幕府で負担するとか決まっていました。時代が下ると、漂流民一人あたりね、一日の米代としていくら支給する、おかず代としていくら、酒代としていくらとか決まってましたね。切煙草だったらいくらとか、巻き煙草だったらいくらとか、身分によっても違っていて、そういうことまで決めていました。

室町時代頃から、漂流民の送還というのはあったみたいです。たとえば、中国地方の有力者だった大内氏なんかですね、朝鮮貿易を自分たちでやりたいという気持ちもあって、漂流民は直接自分たちが送っていたようです。それを契機に関係を築いていこうと。それは当然そうですよね。だから、対馬藩がずっと朝鮮と深い関係を持っていたというのも、やっぱりこういうところが大きいんだと思うんです。

釈　地政学的な面に加えて、独自の政策で信頼を構築してきたのですね。

永留　政治的な思惑抜きに、漂流民はお互いに助ける。漂着した側の負担で送り返すというのは、今の国際法も同じだそうです。相手国にはその費用は要求しない、漂着地の側の負担として、お互いに送り返しましょう、政治を抜きに、人道的にこうしましょうということですよね。

特に対馬藩では、秀吉の朝鮮出兵がありましたからね、そこからの信頼回復というのは非常に難しかったんです。最初の一、二回は、行くとすぐ捕らえられて、処刑をされるとか、話にもならない。それまでずっと出入りしていた商人が行っても、港に入れてもらえずに追い返されるとか。それで、国書改竄ということも生じたわけです。朝鮮出兵のときに日本に連れてきた人たちを返したり、漂流民をちゃんと送り届けたり、そういうことを対馬として積極的に地道にやって、それでやっと話し合いのテーブルが開かれるようになるという状況でした。

古い町を歩く

永留 この河口一帯が、大正時代頃までは、対馬、厳原の中でもっとも栄えていました。

釈 そうでしょうね、ここ、入口ですもんね。

永留 外国貿易もやるような大店が並んでいました。

釈 しかし、今のところ特に、建築様式にしても町並にしても、違和感はありませんね。

内田 うん、そうですね。

釈 我々が普段暮らしているようなムードとあんまり変わらないです。

内田 ここは空襲を受けてないですよね。

釈 ああ、それが大きいか。

内田 空襲受けていない町って、街並みの隙間の所に、古いものが、なんとなくぼそっと残っているんですよね。

釈 なるほど。

内田 こういう建物が、ほらね、さりげなく残っているでしょ。

永留 大正時代の。

釈 瓦なんかは〝島の瓦の葺き方〟っていう感じがしますけども。

永留 あちらの、あの三角屋根みたいなところとか、全部トタンで覆っているけど。みんな、大正時代ぐらいからの土蔵です。使い勝手が悪いみたいですが、こういうのも、ちょっと計画的にね、残していくようにして。

釈 都市計画としてやってみる。

永留 ちょっと修復もして、観光名所みたいにね、できないかなぁ。

内田 そうですね。酒田みたいに蔵がずらっと並んでると観光名所ですよ。

石垣と鏝絵、日本人の職種

内田 わ、この一般の民家のこれは。

釈 これは何なんでしょう。ここを切り取って門にして。

内田 すごいですねえ。

永留 もとはもうちょっと高かったようです。まず、二階建てにするのに邪魔になるから低くしたんだろうと思いますが。天保一五年に、厳原の町がほとんど焼き払われるような大火事があったんですね。それで商家の人が藩に献策して、高い石垣をつくって延焼を食い止めるようにしたらどうかと。

釈 防火のための石積みなんですね。

永留 ええ。だから、ここにちゃんと書いてます。ここに「為」って字がありますね、火切りのためこれを築くと。高さは一丈三尺。身幅五尺。身幅というのは、ここの幅のところです

城下町のあちこちに今も残されている防火壁。

ね。下のほうはずっと末広がりになっています。

内田 高さが一丈三尺。

永留 その高さで、この石垣をつくりましたという記録です。

内田 ファイヤーウォール。

永留 厳原の町の中は、この高い石垣が張り巡らされています。

内田 石積みの技術っていうのもね。

釈 そうなんですよ。石積みの技術は本当に特殊技能です。できる人が少なくなる一方です。

永留 ええ、すごいですね。対馬の石垣の特徴ですと、こういう平たい石をね。

釈 平たく積んでいますね。

永留 こう、立ててつくるんですよ。

釈 横に積まずに。

永留 普通は横に積みますよね。そうでないと崩れやしないかって、昔もやっぱり聞かれたらしいんです、ほかの藩の人に。いや、これでいいんだと。

釈 そういう技術が伝承されてきた。

永留 そういう技術を持っていたんですね。うしろの石垣なんかも、こういう平たい石を縦にして、一番平たい面がね、外側に見えるように積むんですね。これが「鏡積み」という積み方らしいです。

釈 なるほど。見せる部分を平らにするためですね。

永留 あとで行くお城の石垣なんかは、こういうふうにやっぱり一番広い面を外側に見せて、それももっと大きな平たい面ですね、そういう積み方をしていますね。

内田 なるほど。

永留 でも、再開発や道路拡張なんかがあると、必ず石垣をずらさなきゃいけないんだけど、今は積める人がいなくて。

釈 積める人がいないからコンクリートで固めちゃうんですよね。

内田 あれは見苦しいですなあ、コンクリートで固めているのは。

永留 だから、できるだけ再現しましょうって言われても、それはできないから、芯のところにコンクリートを立てて、それに薄く切った石を貼り付けるみたいな。

内田 貼り付けていくんですね。それは石垣とは言わんぞ。

実用性と美しさをもつ防火壁＝火切り石。

永留 石垣の重みっていうんですか、品がない。

釈 (笑)。ほんとですよね。どういう加減か、石は苔むしてくるといいムードになりますが、コンクリートは苔むしたら、すごくみっともなくなる。対馬は、こういう薄くカットできる石が、たくさん出る所なんですか?

永留 そうですね、頁岩とか粘板岩とか堆積岩が多いですから。

釈 至る所で、目につきますもんね、石屋根もそうだったし、薄い石を使ったものが随所に使われている。

永留 小さい川だったら、石の橋を一枚石でひょっと架けたりして。

永留 こちらでは、壁に絵が描いてあります。

内田 あ、ほんとうだ。

釈 これ、鏝(こて)でつくるやつですね、左官屋さんが。

内田 これは、今時珍しいものですね。鏝で絵を描くなんてのは。

永留 ええ。この辺がずっと、海産物とか貿易関係の商人の蔵がずっとたくさんあって、大正時代の頃は、もうほとんどの蔵に鏝絵が描いてあったそうです。

鏝絵というのは、江戸時代の後半から明治、大正にかけて大分中心に、流行(はや)ったらしいです。左官の棟梁になるのは、ああいう絵がまともに描けなければ棟梁になれないといわれたぐらい。だから、棟梁になる人たちは早くからこういう訓練なんかも受けたそうです。鏝絵

蔵の主と職人の粋を感じさせる龍虎の鏝絵。

師の技量もあるし、注文した商人の粋っていうんですか、そういうのを示したり、競い合ったらしいですね。

内田　あれ、龍虎ですか？

永留　そうです、龍と虎ですね。特に龍のほうは、水中に住んでいるというんで、火事に強いだろうと。そういう、ちょっと言葉の綾というか、縁起の良さということで龍を描くということも多かったそうです。

内田　なかなかこの虎もダイナミックな、尻尾がこうね、はてなマークになってて。なかなかこう。

釈　鏝絵は我々の生活圏ではお目にかかれません。

内田　珍しいですよ。

釈　そもそも漆喰で壁塗る人がめったにいませんから。

内田　うち、やりゃあよかったなあ、凱風館。壁、漆喰なんですから。

釈　うーん。漆喰ですね、次のテーマは。今度、改装のときは。

内田　鏝絵描いてもらおうかな。でも、鏝絵描ける技術持っている人がまだいますかね。

釈　今、相愛大学の人文学部で親しくおつき合いしているイスルギさんっていう左官屋さんの会社があるんですけれども、ものすごくいい会社なんですよ。石動（イスルギ）という姓が多い北陸に本社があるらしいのですが。とても人を育てる会社で、職人気質を大切にしている。社員をちゃんと定時に帰して、あまった時間は個別に活用するようにしてもらい、それをまた会社に生かしてくれっていう育て方だそうです。

内田　もののわかった人ですね。

釈　仏教文化専攻の学生も、就職させてもらってます。それにしても、日本人の職種って大正時代には三八〇〇ぐらいあったのに、今は二五〇〇ぐらいしかないらしいですね。だから、どれほど多様性のない社会になっているか。日本人のほとんどが会社勤めという、かつて人類が経験したことない社会になっている。

内田　三八〇〇から二五〇〇か、そりゃ、ひどいや。

釈　だから「みんなが同じ文脈で仕事をしなきゃいけない」ってことになっている。これはきついです。たとえば、バトルに勝った者が総取り、四半期ごとに結果を出す、みたいな文脈には乗れない人もいるわけです。畳屋とか石積み職人とかの文脈によって救われる人もいると思います。

内田　そうですよ。

釈　誰もがあのグローバルな文脈に乗らなくてもいいんですよ。

内田　そうなんです。なんでみんながユニクロのシンガポール支店長を目指して自己形成しなきゃいけないのか。

観光と産業

内田　あ、Duty Free Shoppers。

巡礼部　日本人は入れないみたいです。

内田　えっ、コリアン・オンリー、ノット・ジャパニーズ？

釈　韓国からの買い物客専門店ですね。日本の物が買える。

巡礼部　すごい綺麗なんですけど、どうもなんか、話聞いたら、かなりお値段が高いんじゃないかっていう。日本人に値段を知られるのがまずいのかも。

内田　韓国からの観光客が年間三〇万人で、一人一万円落とすとして、三〇億円。すごい経済効果ですよね。フェリーで来て、あそこのDUTY FREEで買って帰っちゃうんだ。

永留　でも最近、お金を落とさなくなってきたって話も。

釈　韓国もバブル経済が弾けましたから。

永留　高いもの買わなくなってきて、日用品の安いのを買う人も多いようです。だから百円ショップとか大型店に入る客も増えました。

内田　さっき、マツモトキヨシありましたね。

巡礼部　絶対儲かってる。空港から来る途中にもありましたよね、ドラッグストアが。

内田　やっぱりドラッグなんだ。沖縄も台湾からフェリーでたくさん観光客来てましたけど、何買いに行くんですかって聞いたらさ、みんなお薬買いに行くんだって言ってました。

巡礼部　八重山の辺りとか結構来るみたいですね。

永留　薬とパンパースと。

内田　ここ、さっきの所ですか。グルッと回って戻ってきたのか。

釈　戻ってきました。でも、噂通り、やっぱり山の面積が多い島という感じがします。

内田　そうですね。だって、海がここで、そこもう山ですもんね。

釈　そうですね。結構、切り立っていて。ほとんど平地がないですね。ゴルフ場とかあるんでしょうか。地形的に難しいですか。韓国の人って、ゴルフ好きじゃないですか。九州に大勢ゴルフ客が来ている。

巡礼部　平らな土地が足りないかも。

釈　足りませんね。ゴルフ場つくっている場合じゃないですね。

永留　そうですね。

内田　農業ができない所でゴルフ場は無理でしょう。

釈　対馬全体の大きな収益というのは観光なんでしょうか。それとも漁業とか農業？

永留　漁業はやっぱり大きいでしょうね。近年では、漁村より農村のほうが人口が減っています。特に子供が。

釈　農業人口の減少が進んでいる。

永留　対馬一といわれる平野がある佐護という地区は、すごい農村地帯なんですけど、三年前に中学校がなくなってしまったんです。子供がいなくて。ひどいショックでしたね。佐護から学校がなくなるほど、対馬は人口減ってしまったのかって。

釈　対馬も高齢化は進んでいるんですか？

永留　進んでいますね。限界集落もいくつかありますし。それこそ、教育熱心だった家ほど、子供たちは島を出て大学まで出ると、もう帰ってこなくなるというケースが多い。

内田　向上心はいかんね。

釈　向上心はいけませんか（笑）。

巡礼部　対馬に田んぼは多いんですか？

永留　比較的広い田んぼがある地区もありますけど、島の面積に対しては圧倒的に少ないです。面積の八割が森林ですからね。対馬では実質、江戸時代でも二、三万石もあればいいほうだったといわれています。

内田 主食は何を？

永留 不足する米を朝鮮貿易で入手したりしています。それと、江戸時代にはサツマイモが普及します。対馬の場合は、青木昆陽が全国に普及するよりも早いです。

釈 江戸のサツマイモ政策よりも、対馬のほうが先なんですね。

永留 はい、対馬のほうが早いです。長崎から琉球イモを入手し、孝行芋、コウコイモと呼んでいました。

釈 ちなみに、今回の旅、三日のうち二日は、お昼がお蕎麦（そば）なんですが、蕎麦が名産なんですか？

内田 そりゃ、やっぱり米が採れないから。

永留 対州ソバは名物ですね。源流はわからないんですが、対馬では、縄文時代の貝塚から蕎麦の実が見つかっています。だから、それがそのまま続いていたとしたら、対馬の蕎麦はもっとも古代の蕎麦に近いんじゃないかと。

というのは、大体どこの地域でも蕎麦は江戸時代に品種改良されるんですが、対馬では、宗家文書等に蕎麦を改良したという記録が見当たらないんですね、今までのところ。だからそうなると、ひょっとしたら一番古代の蕎麦に近いかもしれないということが言われたりしています。つなぎも使わない素朴な味です。

釈 おお。古代とつながっているかもしれない蕎麦か。

金石城跡

永留 これから、対馬藩主・宗家のお城である金石城（かねいしじょう）跡と、菩提寺である万松院（ばんしょういん）へ参ります。すぐ前の山には、秀吉の朝鮮出兵に備えて建てられた清水山城の跡もあります。秀吉自身は、佐賀の名護屋城までは来て、金の茶室をつくったりしていますが、結局対馬までは来ませんでした。

釈 せっかく山城を造営したのに、来なかったのか。

永留 戦国風の山城ですね。一の丸まで行くと、こちらの山越しに水平線がずっと見えます。だからもし外敵が来たりすると、いち早く発見することができたでしょう。山の名前が清水山なので、清水山城といいました。向こうの麓には八幡宮がありますので、後でご案内します。

町長の英断

永留 金石城の櫓門です。こちらの石垣もですね、お城と同じ石垣が積んであります。ここまでは城の一部だったようです。先ほど、防火壁の石垣のところでもお話ししましたけど、大きな石が平たい面を表に出しています。

金石城は、平屋建てだったようなんですね。当然、天守閣はありません。それで、この櫓門を二層にして、ちょっと天守閣に似せているみたいな、そういうつくりにしたのかなともいわれています。

内田 この門が一番高い建物なわけですか？

永留 ここではですね。

内田 そのお城の本体はまだ残っているんですか？

永留 池以外は残っていません。

内田 ああ、そうですか。この門は、当時のものがそのまま？　これもレプリカですか？

永留 ええ、大正時代に焼けたんですが、宗家文庫の資料を整理しているときに、これをつくった当時の模型が見つかって、それで寸法を測り直して再現しました。

内田 最近なんですか？

永留 竹下登さんの、一億円のふるさと創生のとき。

釈 これがですか？

内田 一億円でこれ建つんですか？

永留 あの当時ですからね、それぐらいだと思います。

天守めかした二層構造になっている金石城門。

内田　ふるさと創生一億円、役に立ったんだなあ。これはいいことに使いましたね。
釈　どこかでやってた一億円の金塊よりはいいですよね。
内田　いや、あの金塊もずいぶん儲かったらしいですよ。
釈　儲かったのですか。みんなが触りに来たというのはニュースでやってましたが。
内田　それに金の価格があれからガンガン上がったじゃないですか。一億円がもう今は二億か三億になっているんじゃないですか。
釈　でも、それって〝ふるさとを創生した〟というよりも、ただのマネーゲームですよね。
永留　ちょっと余談ですけどね、当時の町長さんが、こういう城跡や江戸時代の藩主や家老屋敷の門なんかの保存に熱心で、車が通れないから壊そうっていうような話が出ると、いや、それは保存しなきゃいけないって力を入れたそうです。
内田　見識のある人ですね。
永留　ものすごくそういうのに熱心な町長だった。
釈　リーダーかくあるべしですね。
永留　「もんしろ町長」って呼ばれたりもして。
内田　門と城で（笑）。
釈　上手いこと言いますね。とにかく、やっぱり目先じゃなくて何世代も先を見据えるリーダーがいないと。

内田　そうですね。

釈　庶民は目先のことを追いかけちゃうんですから。

李王家宗伯爵家御結婚奉祝記念碑

内田　何か碑がありますね。

永留　これは、藩主家の宗武志(そうたけゆき)さんと朝鮮王朝最後の王族である徳恵姫(とくえひめ)の結婚記念碑です。

釈　すごい話だなあ。

島在住の朝鮮人が建てた成婚記念碑。

内田　ラストエンペラーみたいな話ですね。

永留　結婚したのがね、一九三一年。昭和六年です。

内田　満州事変の年ですな。

永留　徳恵姫のお父さんというのが高宗という朝鮮の皇帝ですね。その高宗が亡くなった年が一九一九年で、その葬儀のときにソウルで独立万歳が叫ばれて、一気に全土に独立運動が広まったということがあります。そういうこともあって、王族と独立運動が結び付くことを、日本政府は非常に警戒したんですね。王族そのものも、それ以上人数を増やさないという政策を取ったので、徳恵姫が最後の王族。文字通り最後のお姫様です。徳恵姫は、中学校に入る年になると日本に連れてこられて、女子学習院に入ります。そして、高校を卒業するともう結婚しなさいということで、宗武志さんが選ばれるんですね。以前の宗家と朝鮮王朝との関係もあるからということで。

これは、当時の結婚を記念してですね、対馬に住んでいた朝鮮人の方が寄付し合って建てた碑です。横には名前が刻まれています。あそこの清水山城跡の三の丸の大きな岩にも、宗家の御慶事を記念すると文字を刻んで、ツツジ三千本をみんなが寄付し合って植えました。

一九五五年に離婚するのですが、韓国の新聞なんかでは、徳恵姫が病気になって、病院とは名ばかりで隔離されているみたいな、そういう悪意に満ちた報道をされたりしました。それで韓国の世論なんかも影響して、離別しなきゃならなくなったんですね。

釈　一九五五年頃って、朝鮮戦争は終わったあとですよね。その頃、そんなに厳しい反日のムーブメントがあったんでしょうか。

内田　あったですね。あれですよ。これ、司馬遼太郎からの請け売りですけれど、ほら、李承晩が。

釈　李承晩ラインを設定して。

内田 そのときに、李承晩が、対馬はもともと朝鮮の領地だから返せって言ったんですよね。

釈 ああ。それで王女も取り返せっていうことになったんですか。

永留 だけど、宗武志さんは離婚後もすごい熱愛の詩を作っています。宗武志さんという方は詩人でしてね、英文学を専攻して東京大学にも行っていますし、特に英語での詩の朗読が非常に上手だったそうで、イギリス人の先生からも褒められたりしたような人です。

近年、そんな宗武志さんの実像や、徳恵姫が日本に来てどうだったかというような研究が進められ、本も出されました。それを機に、この碑をもう一回建て直そうじゃないかということになったんです。

韓国から来ている旅行客で、厳原に来た人はほとんどここには来ます。なかには、ここが第一の目的で来る人もいます。韓国では「とっけび」といいますけどね、「徳恵妃(とっけび)の碑はどこにありますか」と尋ねられたりします。

釈 なるほど、韓国の人はそういうストーリーにも惹(ひ)かれて来るんだ。最後の王族、王女の悲恋物語がここに……。

内田 韓流やね。

釈 韓流ですね。それにしても、きちんと検証して誤解が解けてよかったです。

旧金石城庭園

永留 旧金石城庭園……は、残念ながら、今日はお休みです。池があるんですね。

内田 でもちゃんと見えるようになっています。

釈 ああ、いいお庭ですね。

永留 戦後、私が子供の頃までは、この辺は埋まってしまっていたんです。ちょっと池があるかな、水たまりがあるなあ、みたいな感じ。ゴミ焼き場があったりもしました。岩はちょっと、いくつか出ていたんですけどね。これも宗家文書の調査をしているとき。

内田 出てきたんですか?

永留 つくった当時の図面が出てきました。それで、その図面をもとに発掘調査すると図面通りの池が現れたもんだから、ついでに池の構造もきちっと発掘で調べ直して、それでまた図面見ながら再現した。そういう貴重な池ですので、国の特別史跡に指定されています。

内田 この角度で見ると、京都の東山あたりの感じにちょっと似ていますね。

永留 背景になるあの万松院の裏の山、こういうのも借景として取り入れながらつくったようですね。あそこにちょっと縦長の石なんかありますが、おそらく、お城から殿様が出てくると、あの辺りに立って池を眺めたんじゃないかと。勝手な推測ですが、今日は疲れたなあとか、何かいい案が浮かばないかなあとか。

対馬の海岸線をモチーフにした旧金石城庭園。

後の山は万松院ですから、藩政時代には、ちゃんと景色としてもある程度の管理ができていたんじゃないでしょうか。今はもう、木も伸び放題ですけどね。

内田 おお、きれいなススキですね。

釈 ほんとうです。植生なんかは本土と全く変わらない印象です。

内田 ね、変わらない感じですよね。この竹とか広葉樹って、うちの裏山とあんまり変わらない感じです。植生ですね、やっぱり、風土感というのは。

釈 でも、若干は本土と違うところもあるのでしょう?

永留 そうですね。厳密に見ると。対馬を北限とする動植物とか。逆に対馬を南限とする動植物とか。

釈 北限、南限の交差点ですか。植物の世界でも、結構特殊なポジションにあるんですね。

内田　辺境ですよ、やっぱり。辺境にいろんなものが集積するんです。

釈　一番クリエイティブなのは辺境なんですよね。

永留　では、ここから庭園を抜けて万松院に行きます。

釈　万松院。お寺ですよ。

内田　お、聖地っぽくなってきましたな。

釈　これからです。

内田　しばらくスピリチュアルじゃなかったもんね。そろそろスピリチュアルになってくるよ。

永留　この石積みは、お城の搦手門（からめてもん）の両側の石積みです。

内田　こちらが搦手門で、あちらが大手門ですね。

巡礼部　これは、お堀なんですか？

永留　これは堀も兼ねた川で、桜川といいます。この川がさきほどの漂民屋の所に流れていた川です。

内田　なるほど、なるほど。

釈　山から流れた川がもう、すぐ海に到達するぐらいの距離なんですね。

万松院

永留 朝鮮出兵のあと、対馬で江戸時代最初の大名になるのが宗義智さんです。義智さんが亡くなったときに、松音寺というお寺を建てたんですね。そののち、義智さんだけの菩提寺じゃなく、宗家代々の菩提寺にしようと、万松院と寺号も改め整備していきます。

この門は、その当時のままだそうです。だから創建四〇〇年ですね。後ろの建物は何度か火災に遭ったりしていますが、この門だけは瓦を除いて当時のままといわれています。今、対馬にあって使われている構造物としては、一番古いものになります。

内田 四〇〇年前ですか。

巡礼部 瓦の所に、四角が四つ。

釈 四つ目紋みたいだな。あれは宗家の紋ですか?

永留 四つ目結という宗家の紋ですね。宗家の紋は、いくつもあります。五種類か七種類か。秀吉から五三の桐(太閤桐)をもらっているし。江戸時代には秀吉からのものでは間が悪かろうということで、五七の桐(対州桐)を使ったり。

1615年、宗義智没年に創建された万松院山門。

瓦には宗家の家紋の一つ「丸に四つ目結」が刻まれている。

釈　都合によって変えたりしたんですね。

永留　四つ目結はもうちょっと早い時期から、どの奥方かが持ってきたという説もありますが、はっきりとはわかりません。

釈　何だろう、この柱の立て方。こういう柱の使い方は対馬によくあるんですか？

永留　どうでしょうね。

釈　寺院建築ではあまり見かけないですね。床柱みたいな感じ。

永留　そういえばあまり見ませんね。古代ギリシャの円柱みたい……。

寺院建築には珍しいタテ溝のある円柱。

釈　この柱以外は一般的な様式です。唐破風で懸魚（げぎょ）付けて。

永留　本堂に上がってみましょう。

釈　天台や。三具足。鶴亀です。鶴と玄武。

永留　これは、日光の東照宮にも同じものがあります。朝鮮国王から、歴代藩主の墓の前でお祭りをするときに使ってほしいということで、贈られたものです。燭台と香炉と

朝鮮国王から贈られた燭台と香炉と花器。

花器、それを乗せる台とセットですね。こういうのが全部で三セット、これよりもっと大きいのがあと二セットあったんですが、戦時中の金属供出で持っていかれて、一番小さいのだけが残ったそうです。

巡礼部 これで小さいほうなんですね、じゃあ。

内田 なんともったいないことを……。バカですねえ。どうしてそういう愚かなことをするかな。

永留 残っていたら、今頃国宝だったかもしれないですけどね。

内田 ねえ。

永留 こちらへどうぞ。

内田 歴代将軍ご位牌安置所ですか。

永留 秀吉の時に断絶した朝鮮との国交回復に当たって、最後の難問をクリアするために、対馬藩が国書を偽造しました。それが幕閣と親しい家臣から訴えられて露呈するんですが、最終的には、三代将軍家光が「宗家にお咎めなし」という裁きを出しました。

訴えたほうの対馬藩家老・柳川は、子供のときから家康の小姓になったりして、幕臣たちにも顔が利くので、はじめは柳川の主張が通るんじゃないかという下馬評だったんですが、ずっと裁きが延び延びになって、三年ぐらいして再開されてみると、家光将軍の判断は、むしろ実際に改竄(ざん)をやっていたのは柳川のほうだと明らかにするんです。それと戦国時代も終わり、江戸幕府も基盤が固まってきた頃で、生まれながらの将軍や藩主としては君・臣の分を守る道徳を優先するんですね。

そういう裁きを出してもらったので、改めて宗家として徳川に忠誠を尽くすという意味で、歴代将軍の位牌を分祀してもらって、この対馬で祀るということをやったんです。だから、途中抜けているのもありますが、大体、歴代将軍の位牌はここに揃っています。金箔を使って立派な大きなものです。

内田 綱吉、吉宗、家茂、家定……。

国書偽造

永留 国書偽造のことについて、もう少し説明しておきましょう。国交回復にあたって、はじめは朝鮮側からずっと、いろんな要求が出てくるんです。それは当然ですよ。戦争といっても日本側が攻めていったものですからね。それに対して和平を結ぶというのは並大抵のことじゃないんです。漂民屋のところでもお話ししましたけど、漂流民たちを地道に返したり、朝鮮から連れてこられた人を送り返したりして、ようやく交渉が進められたわけです。

それでも特に難問として最後まで残ったのが、徳川将軍側から和平の申し出を寄越せということですね。それと、秀吉の出兵のときに、朝鮮国王あるいは王室一族の墓を暴いた者がいるから、その犯人を突き出せと。その二つが最後まで残るんですね、これは妥協の余地はないということで。それで、義智としては、家康が先に書くわけはない、家康の立場になってみれば、戦時状態だったところから和平を申し入れると、自分が降伏したと見られるじゃないかと。自分はそもそも秀吉の出兵には反対だったし、後ろを守っていて出兵もしていないんだと。なんで和平を自分が申し入れなきゃいけないんだということがあるから、これはもう絶対書かないと義智もわかってるわけですね。それで、宗氏が家康からの国書だと偽って文書をつくるんです。文書をつくる形式は、それこそ幕府以上によく知っているわけです。印も捺して出す。

もう一つ、国王の陵墓を荒らした犯人を突き出せというのは、当時、対馬で死刑が決まっていた重罪人、その中から、あとで問題にならないように、できるだけ家族とか親戚とか少ない人を選んで、これが犯人です、自由にしてくださいと突き出しています。

そこまではまだ、序の口。いざそれで国交回復して、朝鮮王朝から使節が来ると、向こうは返書を持ってくるんですね。家康が出したことのない「手紙」に返事が来るわけですよ。だから、これもすり替えなきゃいけない。家康の名前で送った国書には、秀吉が朝鮮を攻める前に、明の使節からもらった、日本国王の印が捺してあったんです。秀吉自身は「明の冊封は自分は受けない。お前たちが日本に服属するんだったら許す」という態度ですから、印は受け取らなかったはずなんです。

国交回復して通信使が来たときに、朝鮮と日本との話し合いで、話題に上ったことがあるみたいなんですね。日本は明からの冊封は受けてないだろうと向こうが尋ねると、それはもちろん受けていませんよと答える。じゃあ、日本国王の印をなぜ捺すんだと。日本国王の印は冊封を受けた証拠だと言ったら、いや、あれは明の使節が置いていったものを捺しただけですと。

内田 うーん。

釈 うーん。

永留 「うーん」って思うでしょう? そしたら朝鮮側も、「うーん」とやっぱり言って。

釈 うーん、わかったような、わからんようなという。

永留 そこで両者高笑いして終わったそうです。

内田 なるほどね。

永留 だから、それだけではわかっていたという証明にはならないけど、どうも気づいたんじゃないかと。その問答を読んだ研究者の中には、そういうふうに推測する人もいます。

内田 なかなかドラマティックな話ですね。

釈 そうですね、腹の探り合いみたいなところが。

永留 家康と国王が関係するときは重大問題であるけれども、その後もね、折に触れて多少のそういうことはやっているんです。というのは、やっぱり通信使としても下手な内容は持ち帰れないし、報告できないわけですよ。下手な報告をすれば、向こうに帰ってから官位剝奪されて平民に落とされたりする。だから、多少、報告書の中身を変えるとか、ときには国書みたいなものでも文言を変えるということは、大体やっていたようです。

内田 通信使自身も改竄をしていたと。

永留 のちの通信使のときもやっていたみたいだし。そういうことは、当時としては、外交には付きものみたいな面もあったんじゃないでしょうか。今みたいにきちっと制度が確立していたわけじゃないですし。だから、資料館を建てるぐらいたくさんの宗家文書が対馬にいまだに残っているというのも、そういう外交に携わっているから、大事なことは必ず、後々何かがあったときにいつでも参考にできるように記録を取っておけということなんですね。

　朝鮮外交に尽くした雨森芳洲（あめのもりほうしゅう）なんかは、記録を取るといっても、どういうことが大事なのか、どういう点は書き漏らしてはいけないのか、そういうことを藩主に助言したりもします。簡潔な文章とはどういうことかとか。さらには、そういうやり方が藩の外交以外の部門にもずっと伝わっていくんですね。だから、対馬藩の主な役所は、重要な記録を全部きちっと取っています。

内田 政府に聞かせてやりたいな。

釈 どの辺りを聞かすんですか。改竄するところ？

内田 いや、公文書は取っとけよ、と。

永留 そして、重要な問題については、幕府から江戸屋敷に直接問い合わせがあっても、対馬に問い合わせが来たときと同じ回答ができるように、重要な書類は全部江戸屋敷にも控えを送ります。

内田 なるほど。

永留 釜山にあった倭館にも置いたりしていました。だから、宗家文書というのが一二万点以上あるんですが、今、対馬にあるのと、慶應義塾大学、東京大学とか国立国会図書館とか、そういう所にも保存されています。倭館は、明治になって外務省が接収するから、その分は国立国会図書館に保管されています。

内田 釜山の倭館にも、全部文書が丸ごと残っていたわけですか。

永留 もちろん外交関係の書類が中心ですけどね。倭館の館守日記なんかというのも国立国会図書館にあります。江戸屋敷にあった分は、回りまわって慶應義塾大学と東京大学に保管されている。そういうふうになっています。

誠信の交隣

永留 雨森芳洲についても、ちょっとご説明しておきます。対馬だけでなく、日本にとっても、とても重要な人物です。

巡礼部 漫画読みました。

内田 漫画があるの？

釈 そうなんですか。ちょっとチェック不足やったなあ。そういう漫画は逃したくないんだ。

永留 漫画を読まれた方はご存じかと思いますが、芳洲は儒学者の木下順庵（きのしたじゅんあん）の門人でした。三代藩主の宗義真さんが、木下順庵と仲良かったんです。そこで木下順庵に、朝鮮外交を担える人物、外交交渉を粘り強く誠実にやれるような人材はいないかと相談します。朝鮮通信使というのは朝鮮王朝の科挙を受けて政治家になった人たちがトップとして来るわけだから、文化的素養においても、詩をつくったりとか、詩といっても漢詩ですね、それをつくったり評価したり、そういうことにおいても対等に渉りあえる人。しかも、幕府を代行してやる外交だから、ときには幕府に対しても直言できるぐらいの見識を持った人材。そういう人材を欲しいということで申し入れたら、木下順庵から、それだったら雨森芳洲しかいないだろうということで推挙されました。もともとの雨森家の出身は琵琶湖のほとりの高月町という所

雨森芳洲を顕彰するための「誠信之交隣」碑。
誠信の交わり＝互いに欺かず争わず、真実を以て交わり候を、誠信とは申し候。

なんですが、今は……。

巡礼部　近江八幡じゃないですか？

永留　同じ琵琶湖畔ですね。今は町村合併で長浜市、そこに雨森っていう土地があるんです。芳洲は対馬にやって来ることになり、将軍に仕えた新井白石とは同門ですが、喧々諤々（けんけんがくがく）やり合ったりもしながら、互いに腹の中では一目置いているという、そういう付き合いをしていたようです。

　芳洲が対馬に来て「誠信の交隣」という外交を打ち立てます。誠（まこと）と、よしみを表す信頼の「信」ですね。対馬藩にも、幕府にも、通信使にも、すべての立場の人に対して、真心からの交流を続けようということを唱え、自分自身も実践した人です。

内田　永留さんの出版社の「交隣社」という名前は……。

永留 そうです。芳洲も唱えた「交隣」の文字を借りて、芳洲の伝記や漫画も出しております（笑）。

芳洲は対馬に来る前に長崎に行きます。外交に必要な会話あるいは公式文書、それは全部中国語だから、中国語を勉強して、漢文で文章が書ければ通じるだろうということで、長崎まで行って中国語をマスターします。その上で対馬に来るんですが、最初に朝鮮に渡ったときに、言葉がわからないでショックを受けたんですね。それで今度は、朝鮮語を勉強するために倭館に派遣させてくれと藩主に頼みます。

内田 留学するんですか。

永留 自分から申し出ていって、二、三年でマスター……。

巡礼部 二、三年でマスター。

永留 マスターして帰ってくるだけじゃないんですよ。そのときに、ずっと勉強するために取った記録が、そのまま、次に朝鮮語を学ぶ人たちのテキストになる。そういうものをつくっていいます。晩年になると、藩主に対してですね、私みたいな人材を大事だと思うんだったら、対馬でそういう人材を育てる制度をつくりなさいと進言します。対馬では、今までは通訳といったら朝鮮貿易している商人をちょっと引き抜いてきて手伝わせるぐらいのものだけど、きちっと外交官として交渉もできれば、あるいは通信使の接待もできる、そういう文人を育てたらどうかということで提案して。これは七年後ぐらいになるんだけど、実現されます。

朝鮮語通詞の養成学校みたいなのができる。

内田 対馬にできたんですか？

永留 はい。だから、明治になって外務省がですね、廃藩置県の年に朝鮮語通訳の養成学校を置くんですが、最初は対馬に置かれたんです。ドイツ語なんかは外務省の中に置かれた。でも朝鮮語は、話せる人も話せるようになりたいと希望する人も対馬にしかいないから、最初は対馬に。そのあとは釜山の倭館に移されますけどね。そういう基礎をつくった人ですし、東京外国語大学ができるときには、最初の朝鮮語の教科書の手本として、雨森芳洲が書いた朝鮮語通詞育成の書物なんかが持っていかれたりしています。

内田 当時の朝鮮半島って、ハングルと漢文の両方使ってたんですか？

永留 はい、政治家は両方です。

内田 日本の漢字とひらがなみたいな感じ？

永留 漢文の場合は分かち書きはしません。ハングルは両班とか官僚や、科挙に通った人たちから見ると、「女子供の文字」になります。日本でひらがなが一時、女子供の書くものだっていわれていたような、そういうところがありました。

しかし、芳洲の偉いのは、ハングルで書かれた小説なんかも通訳育成で読ませているんです。そういうものを読んでみないと、相手の気分感情がわからないだろうと。どういう場面でどういうふうに感じるのか、それを知るためにはハングルで書かれた小説を読むのが一番いいと。しかし通詞養成でそういうことやっても、採点できる人がいないんですよ。それで、芳洲も晩年、隠居したあとも、そういうことの試験官役になったりもして、彼が育てた後継者が、ずいぶん活躍していています。

たとえば、朝鮮王朝から寄せられた文書に出てくる文章を、幕府の御用学者みんな集まって読むんだけど、意味がわからない言葉がどうしてもある。それで、対馬藩の者が呼ばれて行ったら、この言葉は何という本のどういうところに使われていて、どういう意味だっていうことをすらすらと答えたらしくて、それで幕府の中でも、「対馬には江戸にない学問がある」と評価されたというエピソードが残っています。

内田 なるほど。

永留 だから、芳洲の見識というのは外交だけじゃなくて、そういう教育の面、あるいは異民族・異文化との相互理解という点においても、現代に通じるものを多く残していますね。

藩の面白さ

釈 それにしても江戸時代の藩というのは面白いですね。藩の実力って、侮れないものが多々あります。長州がイギリスと戦ったりとか。

内田 そうですよね、薩摩もイギリスと戦ったしね。

釈 日本人の識字率の高さも、藩による取り組み・努力の部分が大きい。

内田 近代化があれほど早く可能になったのも、幕藩体制があったからだと思います。日本中に人材がいたわけだから。中央集権一極集中だったら、あんなことできませんよ。

釈 そうですよね。中央と周辺の格差はひどいことになっていたでしょう。

内田 大体ね、体制が腐るときは頭から腐っていくわけだから、一極集中で頭が腐ったら手がつけられませんよ。今の日本がそうだけれども。

釈 手足も駄目になる。

内田 どうにもならないです。

釈 我々、あっちこっち回っているうちに、「いまだに藩の気質が残っている」ってことを、しばしば実感しております。

内田 非常によくわかりますね。

釈 「藩」という制度がいかによくできていたかっていうことを確認できます。同じ県でも、いまだに藩の気質で分かれているっていう所もたくさんあります。

内田 最初、だって三〇〇いくつ県があったんですよ。

永留 そうです。対馬も厳原県でした。

内田 ほとんど藩と同じぐらいの県があって、それを一気に統合した。

永留 短期間で七〇ぐらいにしました。国を近代化するには、藩の垣根をなくして、割拠状態を解消しなければならなかった。

内田　国という概念の改鋳が必要だったわけですから。それまで「国」っていうのは藩のことで、お国自慢もお国訛りも国境も、全部藩のことだったんですから。

釈　近代国民国家の理念と、藩とは相容れない面がありますから、近代国民国家にするために藩をつぶす。

内田　そもそも、藩っていう言葉自体がなかったわけだから。藩って僕ら使ってますけれど、あれは江戸時代に漢学者が学術用語として使っていただけで、一般人はそんな言葉使わなかった。みんな「国」って言っていたわけですよ。

釈　そうそう、国や郷ですね。今でもドラマのセリフなんかでありますよ。「あんた、クニはどこだい？」とか。

永留　何々の国と言ったり、大名の名前をとって何々御家中ということで。

内田　そうですよ。対馬守家来とは名乗るけれど、なんとか藩士なんて言わなかった。

永留　それはそうですよね。藩主に仕える侍ですから。藩に仕えていたわけじゃなくてですね。

内田　そうです、ほんとうにそうだ。法人ですもん、藩っていう概念は。法人じゃないもん、江戸時代の国は。

永留　今の都道府県の概念で考えると、ちょっと違う。

内田　主君に仕えているわけで、法人の従業員じゃない。誰かの家来ですよ、自称。だって、山岡鉄舟が、江戸開城のときに駿府に西郷隆盛を訪ねて官軍の本陣を突っ切るときに「朝敵徳川慶喜家来、山岡鉄太郎まかり通る」と名乗ったわけですから。

釈　そんなふうに名乗るんですね。

内田　家中とか家来とか、名乗るんじゃないですか。

宗家墓所

永留　ここから上がった所が、宗家一門の墓です。百雁木（ひゃくがんぎ）と呼ばれる石段を一三二段のぼりますよ。

釈　お、これは。

巡礼部　うわあ、カッコいい。

釈　これはいいぞ。ちょっとしびれる感じがするな。さあ、石段上がりますか。

内田　これまた山登りの靴が役に立つ。

釈　わざわざ買ったトレッキングシューズ。

内田 でも、これ、歩きやすいな。

巡礼部 靴ですか？

内田 いや、この階段。高さが大体均等だし。そしてこの音がいいね、竹藪の音が。巡礼部になってきた。墓だ。

釈 おおう。

巡礼部 ダンジョン。

内田 来ましたよ、聖地に。

釈 これは、いい感じになってきたよ。

内田 いいねえ、ここは。

巡礼部 これはいいな、これ、相当ですね。

永留 このあたりは、側室の方とか、一度宗家から出た人や、その子供さんの墓。藩主と奥方は、まだ一番高い所にあります。

宗氏はですね、室町時代に、嫡流以外は宗家を名乗ってはいけないと決めるんです。というのは、宗家の一族でない者も、ちょっと関わりがあるからとかいって「宗」を名乗る人が増えてきたんですね。それで、宗家とそうでない者、あるいは嫡流とそれ以外の者をきちっと分けなきゃいけないということで、嫡流以外は宗家を名乗ってはいけないと決めました。だから子供も、嫡男が決まれば、ほかの子供はみんな別の姓を名乗るようになるんです。

百雁木と呼ぶ石段をのぼった所が宗家墓所。

内田　そうなんですか。
永留　もちろん、嫡男が死ねば別の姓を名乗った人が戻ってきますけど、嫡男や藩主になってはじめて、あらためて宗家を名乗るということになります。だから、今、対馬に宗を名乗る方はいません。
内田　ああ、そうなんですね。
永留　千葉にいるご当主の子孫だけなんです。
内田　それは、ずいぶんリジッドな。
巡礼部　厳しいですよね。
巡礼部　千葉のどこにいるんでしょうね。
釈　ちょっと気になるなあ。
巡礼部　そうですね。ご近所だったらいいのになあ。
釈　意外に近所にいるかもしれん。以前にマラソンで活躍した宗兄弟は関係ないのかな。ところで、お墓を見ますと、様式が江戸のものじゃないでしょうか。
巡礼部　ですよね。ここだけ見ると、徳川のと似ているような気が。
釈　徳川の墓に似ていますね。あと、天台系ですね。もしかしたら、この墓の様式は宗家以外は使っちゃダメとか、そういうことになっているのでは。
内田　うわあ、すごいスギだな、こりゃあ。

永留　このスギの木は、四〇〇年前に万松院ができたときには、すでに成木だったと記録にあります。だから、六〇〇年か七〇〇年になるんじゃないかといわれています。
釈　六〇〇年。そうですよねえ。
内田　こっちもすごいね。三本あるんですか、大スギ。一、二……。
永留　三本ですね。もとは六本あったらしいんですが。高くなると雷に打たれて。
内田　そうですね、これは雷に打たれていますね。こちらが無事の方ですね。あ、でも上のほう、折れている。
釈　折れていますね。
巡礼部　雷でやられるんですね、大体。
釈　三股に分かれていますね、このスギ。
内田　ほんとうだ。
釈　横にあんな張り出して、大したスギだな。
内田　これ、石垣つくったあとに更に成長していますね。
釈　更にまた成長して、覆ってしまっていますね。
永留　この白壁の上が藩主と正室の御霊屋です。ここは藩主が通るための道です。
内田　あ、すいません、藩主の道を通っちゃいました。
永留　こちらが宗義智（よしとし）さんのお墓です。これは多分、万松院が宗家全体の菩提寺として整備さ

御霊屋にのぼる白壁の通路と樹齢数百年の大スギ。

れる前のまんまじゃないかと思うんですが。

釈　いちばん古い形態のお墓。

永留　次の義成（よしなり）さんに比べると、小さく見えるかもしれませんが、この基壇の大きさなんかは、やっぱり当時としてもかなりの風格のあるお墓です。ちょっと周囲が大きすぎるというだけのことで。

内田　天正七年。「文禄・慶長の役参戦　役後国交修復す」っていうんだから、偉いですね。戦争したあとに国交を修復したという、かなりアクロバティックな外交手腕を発揮して。

宗義智の墓は砂岩製で形式は関西風＝中央様式。

釈　ほんとうですね。

内田　で、院号が万松院ですね。

釈　院号が寺号になっているんですね。

永留　宗義智の次が義成さん。次が義真（よしざね）さんです。朝鮮貿易で一番潤っていた時代。対馬自体も、その頃は銀がよく採れていて。それが貿易の元手にもなるし、藩の財政も豊かだった頃ですね。

対馬藩だけの米・麦の取れ高だと、せいぜい二、三万石といわれていたんですが、それでも外交を行うからということで、一〇万石格を名乗っていました。義真さんの頃は銀が採れているから、むしろ一〇万石超えるぐらいの収入があったんですが、そのあとは徐々に寂れていきます。

内田 釈先生、あそこのサンスクリットは？

釈 「あばらかきゃ」ですね。「地水火風空」ですね。

内田 「地水火風空」。ありがとうございます。こういう、もうね、歩くウィキペディアみたいな人がいると、ほんとうに助かりますね。これ下から読むんですか？

釈 はい、下から。「地水火風空」です。上から読むと、「きゃからばあ」となります。五大と言って、この宇宙を構成する要素を表しています。密教では五輪とも言います。だから、こういうのを五輪塔って呼びます。

内田 最後は空になるわけですね。

釈 はい、一番上が空。

内田 これは、それぞれ形が意味を表している？

釈 方形（地輪）、球形（水輪）、三角錐（火輪）、半球型（風輪）、宝珠（空輪）という形式です。

内田 最後は宝珠。

釈 はい。

内田　こういうものがね、崩れもしないでずっと何百年も乗っかっているっていうのは、ほんとうに上手く置いてあるという言い方でいいのかって。こんなの、悪いけど、今のゼネコンがやったらすぐに転げ落ちそうだけどね。

釈　しかしこんな所に扉付けて、四つ目の紋を入れて。この柵の結界の作り方は、ちょっと南方様式なのかな。基壇のデザインですよね。壇をつくって供養する。

内田　珍しい形ですよね。

釈　そうでもないんです、結構あります。

内田　そうですか。

永留　この様式は関西の、当時でいえば中央様式だそうです。

釈　あ、そうでしょうね。奈良とか行くと結構この形があります。

永留　義智さんの墓の石材は大阪の和泉からの、和泉砂岩と聞いてます。

釈　泉州ですか。

内田　ずいぶん遠い所から運んできたわけですな。

永留　向こうの義真、義成の墓は、御影石だそうです。

内田　御影といえばうちの近所だ。

永留　ああ、そうですか。

内田　御影という町がありまして、私、その御影のすぐそばに住んでおりまして。今度は住吉という、住吉神社の裏におります。

釈 海の神・星の神・和歌の神である住吉さんが祀られているところで暮らされています。

永留 じゃあやっぱり、対馬には来るべくして来られたんですね。

釈 海民系の人々の導きです。

内田 そうですね、海民系の聖地を求めて彷徨しておるんです、我々。

海が分かつもの

釈 御霊屋っていう言い方は、日本の古い信仰が意識された呼称ですね。

永留 神道的な感じもしますね。

釈 そうですね。すでに今回のテーマの一つとなりつつありますが、こんなに韓国が近いのに韓国化していない。

永留 それはもう、全然してないです。

釈 その理由はどこにあるのでしょうか？　むしろ、古い日本のものが残っているようです。何か、ある種のバリアみたいなものがここにはあるのですか？

永留 高度成長以後は、ちょっと言葉が廃れてきたような感じしますけど、「風土」という言葉が昔はありましたね。やっぱり風土として日本なんでしょうね。

釈 古い日本が残る風土だということですか。

永留 天候、気象なんかでも、日本には梅雨がありますから、家でも日本の場合は高床や障子で、湿気と暑さ対策が優先される。韓国のほうはオンドルで、冬の寒さ対策のほうが優先される。そういう風土に適した民俗文化とか風習。

釈 なるほど、そういうことか。

永留 だから、気象とか文化なんかも含めた風土の違いっていうのが、やっぱり民族の違いとかそういうところになっていくのかなと。

内田 植生も非常に日本的ですものね。韓国の南のほうとはまた違う気がします。すぐ近くなのに。ここの植生は明らかに日本列島のそれなんですよね。

永留 地質なんかは、釜山は結構似ているんですけどね。そこをもう一つ隔てるのが海峡、海流ですね。

釈 地質は似ているけれど、海の影響が大きい。

内田 海流ですか、対馬海流。それがやっぱり、大きく気象の条件を変えているんでしょうか。

釈 それが一つの分岐点みたいに。

内田 一衣帯水とは言いながら。

永留 『魏志倭人伝』でもですね、楽浪郡、中国の郡がある所から朝鮮半島の西海岸をずっと下ってくるときには、「水行(すいこう)」って書いてあります。「水」に「行」。これは沿岸航路なんですね。でも、朝鮮半島の南端から対馬に渡るときは、海を渡るって書いてある。しかもね、初めて海を渡ると。対馬から壱岐の間も海を渡ると書いてある。だから、対馬海流の流れは、いわば外洋航路みたいなものですね、その航路と、沿岸航路とは明確に区別していたんでしょうね。

内田 やっぱりそれは、操船技術が全然違うっていうことなんですか?大きな海流がある所を渡るというのは。

永留 操船技術が違うし、流された場合なんかは、やっぱり星で位置を測れるような人間じゃないと正確な航路を取ることができない。沿岸だと、陸を見て確かめることができる。

内田 そうか、視認しながら行けるわけですね。

永留 ただ、南のほうも対馬海流は流れてはいるけど、幅が広い分、流れは穏やか、航海しやすいです。水道にホースをつないで、口を細くすると勢いが強くなる。あれと同じです。

内田 南の対馬海流のほうが航海しやすいんですか?

釈 離れているからですね。

内田 離れているほうが渡りやすくて、近いほうが渡りにくい。ここは流れが速いんですね。

釈 距離じゃないんだ。我々、黒潮文化圏をかなり追いましたけれども、今回は対馬海流。

内田 うん。今回は対馬海流文化圏。

釈 海流は見えない非関税障壁みたいなものですな。

永留　それはあるんでしょうね、やっぱり。大きな海流が流れている所は、近くってもやっぱりそれを渡るというのは容易なことじゃないです。

内田　海流か。越えられないですね、軽々には。

巡礼部　今思う以上に、ものすごく高い山のようなものですよね。

内田　そうか。こうね、海の中を急流が走っているわけですからね。

永留　速いときと遅いときがあるんですけどね、干満によって。ネットで読んだのでは、平均でも毎秒〇・五メートルと書いてあります。二秒に一メートル、流されるには速いですよ。だから、速い流れのときにはもっと速くなる。それが何十キロの帯でドーッと動いているわけですからね。風が吹けば波も立ちます。これはやっぱり外洋です。しかも、大きな流れがあるから、これが与える影響、気象なんかにも影響します。

内田　そりゃそうでしょう。

永留　もちろん人間の往来にもね。知識があり、手慣れた者だけが渡れる海なのか、ちょっとした船を持っていれば渡れるのか、その違いが、天候にもよるけど、もう全然違うんですよね。

釈　そうか、そこに信仰や文化や言語の相違が生じる。

内田　「海部（あまべ）」っていう特殊職能民じゃないと、多分ここは操船できないという特殊なエリアだったんでしょうね。

釈　職能民じゃないと行き来できない。それにしても我々、お墓に来て、急にいろいろ考え出しましたね。それまで、普通に観光してただけなのに。

内田 見ないと我々スイッチ入んないんですよ。

釈 聖地巡礼シリーズのおかげで、おかしな体質になってきました……。しかし、ここに比べると、長崎のお墓のほうが、よほど異国情緒がありましたね。

内田 あれは異国的でしたねえ。

釈 こちらは国境の島なのに、むしろ純和風と言いますか。

内田 そうですね。熊野はバリ島だったけど。

釈 それ、先生ひとりが言うてるだけじゃないですか。

内田 そっか。

釈 長崎はカンボジアなんでしょう?

内田 そう、カンボジアでした。対馬は日本ですね。

釈 ここ、日本ですよね。熊野バリ説、長崎カンボジア説に続いて、対馬日本説っていう、おかしな結論になりそうです。一周回ってごく当たり前の結論に。

内田 対馬は日本だった、と。

釈 いや、日本ですね。でも、まだまだこれから古い日本が見られそうな気がしてきました。出だしでこれですから。

内田 これはね、明日からですよ。

釈　ありますね、見せてくれますよ、対馬が。日本の古層を。

永留　ここはまだ江戸時代ですからね。

釈　「ここはまだ江戸時代！」しびれる言葉です。

内田　まだ江戸だもんね。このあと古代に行くわけですから。

釈　古代へ行きますよ、我々は。日本神話の源流へと。

内田　ここの風の音が素晴らしいね。

釈　いや、ほんとうですよ。木が大きい証拠ですよね、この音は。

厳原八幡宮

永留　万松院から、秀吉の城があった清水山を挟んで、もう一方のふもとにある厳原八幡宮（いづはらはちまんぐう）にやってきました。室町時代頃までは、この辺まで海浜だったんじゃないかといわれています。遠浅みたいな形で、干潟になっていて。

釈　じゃあ、この辺まで海が来ていて、ドーンと八幡宮があって。

厳原八幡宮。中央右の鳥居からのぼると本殿がある。

永留　ここもそういう地形だったのでしょう。朝鮮の歴史書に出てくるんですが、室町時代の島主・宗貞国さんという人が、対馬の中央部にあった拠点から厳原に移ってきます。そのとき、この近くに建てた屋敷の周りに濠を掘って海水を引き入れていると書いてあります。だから、この辺まで潮が。

内田　ここまで海水があったんだ。

永留　今でも向こうの川には、満潮になると潮が上がってきます。

　神社から石段下りて来て、海辺で潮を汲んで、それを神事に使うというような、そういうタイプの。

釈　なるほど、博多山笠でもお汐井取りとか行きますよね。

永留　そうそう、「お汐井取り」という神事がどこにもありますよね。

内田　厳原の「厳」っていうのも、もともとは宗教的な意味の言葉なんじゃないですか？

永留　御稜威（みいつ）とかいうんですけど、要するに神聖な土地ですね。

釈　「厳」は権威や聖性を表します。

内田　聖域か。

釈　神が現れる場所ということでしょうね。「厳（いづ）」も「出づ」も同じ発音だし。

永留　厳島の「いつく」とか。対馬だと、木坂の海神神社（旧上津八幡）のある山が伊豆山っていうんです。

釈　イヅ山ですか。伊豆とは、突出しているって原義じゃないかな。

永留　そこからここへ八幡宮を勧請したときに（新宮、下津八幡）、このあたりの原っぱを厳が原と名づけたそうです。

内田　なるほど。超越的なものが顕現する場所が厳。だから、厳原は当然、そういう場所ですよね。

マリア、安徳、八幡

釈　今宮若宮へとやって来ました。ここでは八幡宮の中にマリア様を祀っておられるんですか？

永留 小西マリアさんとその幼い子供を祀った社です。

内田 マリア様？　お、すごい、神仏習合どころか、神仏キ習合ですね。

巡礼部 キリスト教の神さまなんですか？。

釈 いや、ご本人がクリスチャンだったというだけで、別に習合したわけじゃないと思いますが。

内田 でも、祭神の名前がマリアっていうのがいいなあ。

釈 ではマリア祭神にお参りしますか。

内田 とにかくわが豊葦原瑞穂国は八百万の神ですからね。いいんですよ、キリスト教徒を祭神にしたって。

永留 ちょうど道を挟んで向こうに、マリアさんの夫である宗義智さんの像が建ちました。いろいろ場所も考えたんですけど、向かい合う形になっています。マリアさんは、戦国時代の小西行長の娘です。

釈 義智さんと言えば、洗礼名を持っている、あの。

巡礼部 そう、ダリオさん。

永留 関ヶ原以降、離縁せざるを得なくなったんですね。小西行長が西軍の大将でしたから。でも、長崎に対馬の屋敷がありましたので、そちらのほうから生活の支援はしていたようです。そうしてマリアさんが亡くなったときに、やっぱり祟りがあってはいけないということ

今宮若宮神社。宗義智の正室で小西行長の娘マリアを祀る。

で、マリアさんと子供を祀ることになりました。

釈　対馬の島主が、クリスチャンの娘と。そういうことか。いろいろあるなあ。

内田　あら、ここは安徳天皇が。

釈　それに菅原道真も祀られています。

巡礼部　安徳も？　何でですか？

釈　安徳天皇に関しては、今日行った御陵墓参考地があるくらいですから、こちらへ落ちのびた伝承によって祀られることになったのでは。道真公は天神信仰と習合してますので、日本各地で信仰されています。

内田　菅原道真と安徳天皇……、なんかミスマッチな感じがしますけど。

永留　天神というのは、対馬では菅公＝道真公ではなく、天道を指すことが多く、ここは天道でもなく安徳天皇を祀っています。

内田 じゃあ、もともと違った所にあったものを、明治になってから統合して祀ったんですか。

永留 はい、でも相殿といって、統合とは違います。

内田 合祀はいかんですね。

釈 いけませんね、そんなことしちゃあ。だいたい、明治維新した人たち、ちょっと若すぎますよね。

内田 そうだね。

釈 みんな、二〇代半ばでしょう? だから、ちょっとこの辺の宗教的センスがダメなんですよね。ヘンに偏った宗教知識をふり回したりするし。

内田 そうそう。岩倉具視なんかも宗教センスがないんだな。

永留 国学の人たちが中心になって、古代からの素朴な神社信仰を歪めた面は感じますね。

内田 いけませんね。明治政府は神仏習合の日本の伝統を壊しましたからね。

巡礼部 こっちは何て読むんだろう?「うとじ」?

釈 「うつと」かな? で、こっちはスサノオでしょう。

永留 あちこち移されたり名前を変えられたりして、もとの祭神がわからなくなったものもあります。それは宇努刀と書いて、「うのと」とか「うぬと」と読んでますが、元は式内社なのにどんな神さまかわかりません。

釈　そして出ました、神功・仲哀・応神。対馬ではこのあたりを探っていかねばなりません。

内田　ここが八幡宮の本殿ですか。

釈　武内宿禰も。

巡礼部　武内宿禰ってどんな人ですか？

釈　相撲をした人じゃないですか、当麻蹶速と。

　あ、宮司さんのお話が始まる。

巡礼部　はい、集まってください。

宮司　皆さん、こんにちは。

内田　こんにちは、よろしくお願いします。

宮司　私、宮司の橘と申します。このたびはようこそいらっしゃいました。

　当社は、正式名称、八幡宮神社といいます。よく厳原八幡宮といわれるんですけれども、正式には「八幡宮神社」が正しい名称ですね。そして、古くは江戸時代、明治の中頃までは、ただ単純に「八幡宮」という社名だったようです。厳原が中心地ですから、府内八幡宮とか国府八幡宮とか、そういう言われ方をしていましたけれども、明治の改革で、正式に八幡宮神社となりました。

　由緒書きに、「明治初年に和多都美神社と称したり」と書いてあるんですけども、それは、対馬島内に延喜式に名のある神社が二九座ありまして、上（カミ）（対馬北部）の和多都美大社、下（シモ）（対馬南部）の和多都美大社も掲載されています。上（カミ）の和多都美は、木坂の海神神社あるいは豊玉の和多都美神社、どちらかと思われますけど、下（シモ）の和多都美大社が正式にどこかというのは確定していません。

以前はこの鳥居の前まで海の水が入ってきたということで、やっぱり和多都美神社にふさわしいのはここだろうと、当時の宮司がですね、和多都美神社と改名をされたようです。明治の中頃には、正式に八幡宮神社となりました。

ご祭神は、八幡宮ですから応神天皇ですね。特に、対馬の場合は神功皇后伝説によりまして、神功皇后が対馬の一番北の鰐浦から、朝鮮に向けて出陣されたということで、その伝説が各地区にございます。朝鮮半島から出兵ののちに帰られて、峰町の佐賀（さか）という所で凱旋をして、そこでお祝いをして、現在の海神神社にですね、自分の御霊を祀りなさいということで祀られます。そして、下にはこの八幡宮に同じように勧請されたのが始まりといわれています。おおよそ、今からでいうと千三百年、千四百年近く前になりますね。

境内神社としては、八幡宮は今言いましたように和多都美神社が延喜式神名帳に記載されている神社で、八幡宮とは記載されておりません。それで、そちらにあります平（ヒラノ）神社が延喜式式内社。次の階段すぐの神社が宇努刀神社。通称、祇園様とされております。これもまた、よそからこちらに移された神社で、古くは延喜式式内社とされています。ですから、八幡宮は延喜式神社ではないんですけれども、平神社と宇努刀神社が延喜式式内社となっております。

　奥は、皆様ご存知の天神神社ですね。江戸時代の初期から中頃の宗家の殿様の中で、天神信仰が篤い方がおられたようです。お祭りのときには、当日と前日に、天神神社に宗家の代参、直接命を受けた方が代理でお参りに来ていました。

　もちろんこの八幡宮も篤い信仰を受けていました。対馬の中では、この規模の神社で一番大きいだろうと思います。

　拝殿や建物が、いつ頃建ったかというのがはっきりわからないんですけど、ご本殿奥はですね、安政年間ですから、江戸時代の一番終わり頃ですから、二百年ぐらい前。それから、茅葺の修復だけは大体四〇年から五〇年おきにされています。

　以前は、こんな広い国道はなくてですね、川からまず手洗いをして、入ってくるかたちになっていました。それから、江戸時代にはすでにあったんじゃないかと思うんですけど、この川のあたりから奥まで、神社の大きい社領がありました。神社の田んぼとかもあったようです。

釈　もともと、神功皇后をお祀りしていたのちに、八幡神をお祀りするようになったんですか？　それとも、八幡神ももともとお祀りしていたのでしょうか？　最初から？

宮司　いいえ、今申し上げましたように、もともと和多都美神社があって。

釈　そうか、もともと海の神である和多都美信仰があったんだ。

宮司　この神功皇后の伝説によって、神功皇后ですから西暦で言えば何年頃になるんですかね、二百年か三百年頃になるんですかね。その頃すでにあった上に、自分の御霊を八幡宮としてここにお祀りしなさいということになりましたから。和多都美というのがそれ以前にあったと思うんですね。

釈　そうでしょうね。海の主宰神としての古い信仰です。

宮司　八幡宮として創建されるのは六七〇年代ですから、かなりあとの話ですが。

釈　その場合の八幡神って、やっぱり軍神としての八幡神というような、そういうイメージなんでしょうか。朝鮮に戦いに行って帰ってきた神ですか？

宮司　そうですね。外国との戦いに出たり、争いがあったり、海賊がいたりとかありますから、特に軍神というかたちでの成り立ちというのは考えられます。

釈　もともとの八幡神って、そういう性格を持っていたという説があります。

宮司　そうですね。お祀りの形態っていうのはですね、どちらかというと、放生会というかたちが昔からあるんですけど、要するに、戦神（いくさがみ）としても一つはあるでしょうし、もう一つには慰霊をするという。

釈　軍神を祀ることと、慰霊のための放生会とがセットになっている？

宮司　そういう意味なんだろうと思いますね。だから、戦神、ただ戦いの勇ましい神ということじゃなくて、もう一つは、お鎮めする、魂を弔うという。

釈 慰霊、鎮魂という機能を果たすための宗教的儀礼。

宮司 そういう成り立ちなんだろうと思います。

釈 そこは、仏教と習合したんですね。

内田 放生会って仏教のイベントですよね？

釈 そうなんです。

宮司 ただ、放生会というのは、仏教的な意味もあるんですけど、対馬では慰霊のほうが強いんじゃないだろうかと思います。というのは、要するに放生会自体の行事が、普通でしたら魚とか鳥とかを放流したりしますよね。

釈 はい。

宮司 でも、対馬の場合は、ずきというミナを放流するんです。ミナという小さい巻貝。

釈 小さな貝を放流するんですか？

宮司 放流します。これも、かなり昔、古代からやっています。どちらかというと、貝の形が人の頭部に似てたりとか、そういう魂みたいなものを意味するようで。

釈 貝を放流するようなお祭りが、今もそのまま残っているんですね？　海民版の放生会って感じですね。

宮司 対馬が独特なのか、それはわかりませんけれども。

釈　仏教の放生会で貝を放すというのはあまり聞いたことがありません。

内田　海民、和多都美神社ですか。やはり。海に来ますなあ。

釈　こちらは、仲哀天皇も応神天皇もお祀りされておられますが、何かそれにまつわるお話はありますか？　今のお話だと、神功皇后が主というような印象ですが。

宮司　ですね、もちろん、主祭神は、普通は八幡宮は応神天皇ですから。

釈　はい、そうですよね。

宮司　ですけども、対馬の場合は、やはりですね、そういう朝鮮出兵の色がちょっと濃いんじゃなかろうかと思いますね。

釈　なるほど。

宮司　それで、神功皇后は身籠っていたというんですね。

釈　応神天皇はお腹の中にいて出兵したというわけですか。

宮司　はい。対馬には、お腹を冷やしてお産を遅らせたという伝承があります。今は開発でなくなってしまいましたけど、以前は白石という所があって、そこで。

釈　その、お腹を冷やした場所は特定されていないんですか。

宮司　移転はしているんですけどね。

内田　そんな所があったの？

宮司　白石神社という所が以前はありました。神功皇后がお座りになったとか、上陸されたという場所や、対馬にはそういう伝承が結構方々にあるようですね。

巡礼部 あそこの、スサノオノミコトを祀っている祇園さんは、もともと、違う場所にあったんですか？

宮司 はい。通称祇園、その宇努刀神社ですね。「上縣郡豊村より」とあります。

内田 それは明治時代の神社統合のときですかね。

宮司 これはもっと古いと思います。延徳三年六月に佐賀村ですね、さっき言いました、神功皇后が凱旋をした場所に祀られて。

釈 祀られていたのをこちらに勧請された。

巡礼部 何かの資料に、スサノオノミコトは高天原を追い出されて、韓国に行って、帰りにこの辺に寄ったって書いていますね。

内田 この辺に寄ったって。

宮司 よく、そういう説もありますからね。たとえば、『魏志倭人伝』とかそういうのに、「スサ」という名前が出てくるから、そのスサというのがスサノオノミコトだという人もいますよね。そういう説を結び付ける方もおられますが。

釈 対馬は各地に日本の古語が地名として残っていますからね。

宮司 『古事記』『日本書紀』に出てくるかたちとしては、もっと古いかたちになるだろうと思いますけどね。それは、ちょっと今になってはわかりません。

釈　そうですよね。確認のしようもありません。ありがとうございます。

内田　どうもありがとうございました。

八幡宮御神木のクスノキ。

講話と対談――宿にて

釈　皆さん、今日は一日お疲れさまでございました。対馬はいかがだったでしょうか。一日目にして、いろんな時代にワープした感じがいたします。

この聖地巡礼では、毎回、私が最初に、今回のテーマはこれになりそうですとか、こんなことを考えてみてくださいっていうふうに、皆さんに宿題を出したりしているんですけど、今回はほんとうに予備知識もなくて。何がいいのかちょっと思いつきませんでした。でも今日、内田先生のお話の中にインターフェースというのが出て、「あ、それかな」とピンと来たような気がします。

インターフェース

今日見たように、対馬は日本と朝鮮半島・大陸とのインターフェースを担当してきました。元寇や日露戦争なども含めた、地理的、歴史的な接点です。我々、なんとなく太平洋側が日本の中心地のようなイメージを持っていますけど、古代には明らかに日本海側が先進地だったんですよね。出雲にしてもそうですし、九州の北部辺りもそうです。日本海側こそがインターフェースの場所であり、クリエイティブな場所であり、しかも非常に多様な文化と先取の気質に富んだところであったというふうに思います。その辺り、我々自身も、少し認識を変更して見ていかなきゃいけないところがあるでしょう。

また、海や青空なんかを見ると、空と海のインターフェースのような地かなとも思いました。これ、古語で言いますと、天も海も両方「あま」っていう同じ発音になるんですよね。二つの「あま」の接点というようなですね、そういうことになるかもしれません。

以前、『日本霊性論』（NHK出版新書）の中で、宗教性というのはどこまで境界に歩みを進めることができるのか、境界線ギリギリまで歩みを進めるような営みが、宗教的営みであるなどとお話しした覚えがあるんですけれども、まさにその接点のところを実感するようなロケーションでしたね。

そして海民たちの神というのは、この天と海の境界線からやってくるという、そんなイメージが私にはあります。たとえば、造化三神のうちの中心的な役割を果たすタカミムスビノカミというのがあるんですが、この対馬こそタカミムスビノカミの本籍地というふうにいわれております。

あるいは今日、何度かお話に出たワダツミがございます。「ワダ」が古語の「海」、「ツミ」が「神」ですよね。「海神」というふうになりますし、「ワダ」は少年の「少」で、「ツミ」が童子の「童」で「少童」というふうなことにもなるそうですので、この童形、子供の姿で現れる神というのがとても古い信仰から来ていると思われます。かなり海民系の神の古い形が残っているのでしょう。さらには「ワダ」が「海」で、「ツ」が助詞で「の」で、「ミ」が「蛇」っていう解釈もあるそうです。海の神は蛇とか龍とか鱗(うろこ)を持った姿などに仮託されてきましたので、明日、その辺りの痕跡も見られるかもしれません。

そうそう、神功皇后が出兵するときに協力したとされる磯良(イソラ)という異形の神・聖霊がいます。磯良というのは全身に鱗があったっていわれるんですが、その鱗状の石があるそうです。イソラエビス(磯良恵比寿)っていうんだとうかがって、もう興味津々なんですね。これは、明日?

永留 明日、和多都美神社で見ることになっています。

釈 恵比寿と磯良って、まったく別の神なんです。でも両方とも漂流の神ですよね。すごく興味深いです。習合した信仰なのでしょう。習合信仰といえば、この神功皇后の息子の応神天皇が八幡神と習合しております。

八幡神

内田 そもそも八幡神というのは、どんな神さまなんですか?

釈 八幡神はなかなかややこしいんですよ。九州の宇佐の辺りに突如現れる神で、あの辺りに住んでいた先住民族の隼人を侵略したときの軍神といった性格を持っていたようです。

内田　いつ頃からいる神様なんですか。

釈　少なくとも八世紀には信仰されています。だからそれ以前からあるのでしょう。最初は翁の姿で馬に乗った荒ぶる神として登場した伝承があります。出目についてはいくつか説があって、渡来系の秦氏の信仰であったという説もありますし、仏教の法要に使う幡（ばん）ですね、幡（はた）から来ているという説もあります。八つの軍旗が並ぶ陣形の兵法が古代の中国にあったらしくて、近年はそこが起源だとする説が有力だそうです。戦いに勝った時は、敵陣に軍旗を立てます。つまり、境界の神でもある。

　旗や柱を立てる、「立つ」は神が現れるという意味をもっています。虹が現れることを、虹が立つと言います。旗を立てたり柱を建てたりするのは、神が現れることに直結しているのです。

　最初は九州の宇佐に、翁の姿で現れ、次が三歳の童形で現れたとされます。となると、渡来する海民の一地方の神であったのではないか。

　それを、霊威が強いことに中央が目を付けて、勧請するんです。さらに、戦いの神なので、一方では慰霊したり供養したりする必要が出て、仏教とくっつく。放生会というのは、まさに懺悔の行です。戦った者の懺悔として放生会が入り込む。仏教と融合した結果、ついに八幡神が出家するのです。

内田 出家する。

釈 七七七年五月一九日に。

内田 ちゃんとあるんですか。

釈 そうなんです。八幡神が出家したことで、神仏習合の象徴になって、一気に日本の神の中心的存在になります。各地に勧請され、現在でも日本で最も祀られている神です。八幡神は、日本の神々の先頭に立って仏教への導き役を果たすわけです。中央集権国家発達の時代、辺境の神が一躍中央において神仏習合のリーダー的存在として脚光を浴びる。ほら、孝謙天皇の道鏡事件（※1）のとき、宇佐まで八幡神の宣託をうかがいに行きますよね。亀卜（きぼく）などの占術も発達していたのでしょうね。卜占（ぼくせん）などによって大きなものごとを決める。すごい霊威をもつ八幡神におうかがいを立てる。

内田 旗と八って、なんか関係あるのかな？　ほら、満州族って、八旗って分かれていたでしょう。

釈 はい、そうらしいですね。

内田 あと、「旗本八万騎」って言うじゃない、日本でもさ。でも、なんで八万旗なんで

※1　道鏡事件……女帝の孝謙天皇に寵愛された道鏡は天皇の位を望んだが、宇佐に遣いに出された和気清麻呂は、道鏡を除くべしという神託を言上して、流罪となった。

す。実際には旗本って、五〇〇〇人ですよ。十六倍もサバ読む必要あります？　もしかして、「八万」と「八幡」て、関係ないのかな。

釈　旗本の手下も含めた数じゃないでしょうか。でも、そちらが語源かもしれないですね。先ほどもお話ししましたが、八つの部隊で攻めるという兵法があるらしくて。八つの部隊がそれぞれ旗を立てるので八幡。

内田　ヌルハチが満州族を統一したときに、その八つの部族がそれぞれ「旗」という軍事組織に編成されたんですよ。

釈　へえ、そうなんですか。

内田　たぶんそれって、古代のツングース文化に遡る集団原理なんじゃないかな。そういう軍団編成と、それぞれの集団に固有の軍神がいて、軍事と信仰が一体化して。それが、流れ流れて対馬に来て……。

釈　八幡神の源流がそこにあると。その流れが国東半島へと至り、宇佐の辺りを占領して、その人たちが八幡信仰のもとになったという可能性は高い。さらに言えば、侵略側の負い目みたいなのがあって、今日の宮司さんのお話にあったように、放生会のような懺悔・供養の行為を実践していく。ここで仏教が必要となります。仏教が取り入れられていきます。

ですから、もともとは荒ぶる神だった八幡神が、仏教と習合することによって穏やかな救いの神みたいになります。
ただしその後、新羅の国内の事情がすごく悪化して、どんどん海賊行為が頻発したときに、日本側の排除の意識が高まって、再び八幡神が軍神的性格を復活させるんです。それで、神功皇后の朝鮮出兵のときには、八幡神が本来の戦う神として機能する。
そこからさらに応神天皇信仰が上書きされます。ここでは海民の信仰の「幼子の姿で現れた」あたりがポイントでしょう。母である神功皇后と、幼子の応神という図式がありますから。

内田 これまでも「聖地巡礼」の旅でずっと言ってきたことですけれど、日本人の宗教性の根本的な特徴はやっぱり習合っていうことだと僕は思うんですよね。対馬というのは、朝鮮半島・中国大陸からの宗教的なものの到来の最前線であるわけですよね。で、当然にもそこで選択された宗教的なソリューションが習合だった。古代から中世にかけて、対馬が外来文化をまず受け付ける表玄関なわけですよね。今宮若宮神社がマリアというキリスト教徒を祭神にしている。このおおらかさというか、図太さというか。これはやっぱり、この列島はそういう宗教的な風土なんだなということを納得しました。

釈 しかも、上に乗せていっても、元のものは残っているというのが、ちょっと特徴的かもしれない。どれも消えない。壊して更地にしたりしない。

内田 そうですね。残ってました。宮司さんの説明も、「よくわからないんだけど」「かもしれない」って、こんな祭神さんもいるかもしれないし、あっちから来たのかもしれないしっていう感じでしたでしょう。いろんなものが入り込んできて、それぞれ固有の宗教的な自力みたいなものを発揮している。これはいい、これはダメという仕分けをしないし、こちらの祭神さんのほうが偉くて、あちらは落ちるというようなヒエラルキーを語らない。いいじゃないですか神さまたちは皆さんそこにいらっしゃるんだから、って。そういうふうにおおらかに受け止めてらしたけれど、あれは日本列島という辺境の文化的な玄関に当たるところにあった対馬が、採用することを余儀なくされた戦略だったんじゃないでしょうか。

釈　この前、神はいるか、いないかっていう、先進四〇カ国の調査統計を見たんです（ISSP　2008年調査）。そうしたらですね、「神は疑いなくいる」と答えた人の割合が、日本は、一番最後なんですよ。だからといって、「神はいない」と答えた人の割合が多いわけじゃないんです。上から数えても下のほう。そして日本が突出しているのが「神を信じる時も信じない時もある」「わからない」なんです。この両方でですね、五五パーセントぐらいで、もうダントツなんです、ほかに比べて。

その研究では、各国に比べて宗教性が乏しいみたいな結論付けをしているんですけど、私は、この「わからない」っていう、それこそが宗教的態度じゃないかと思います。

内田　いや、まさにそうだと思いますね。

釈　宗教的に「わからない」って、よく考えたら、すごく誠実な宗教性のような気がするんですよね。最も誠実に答えたらそれになるような気もします。

国書改竄事件

内田　ところでさ、やっぱり国書改竄事件っていうのもね、まさにインターフェースならではの出来事ですよね。

釈　インターフェースならではの手法。

内田　インターフェースに立つものがどういうふうにふるまうかということの、まさに典型的なかたちっていう気がするんですよね。あっちから来たものをちょっと微妙にアレンジしてこっちにパスして、こっちから来たものをまた微妙にアレンジして向こうに渡す。仲を取り持つ仲介者が、それぞれの圭角を削って、角を丸めて呑み込み易いものに作り変えて。とにかく、何とか二つの文化圏に架橋しようとした。一方に与することをしないで、両方の顔を立てて、「どうです、ここはひとつナカとって」というかたちで落としどころを探った。それって、辺境民の、とりわけ対馬のような辺境の「玄関口」に立った人たちに課された宿命というか、そういう感じがしました。習合的宗教性と国書改竄事件とに、僕は構造的には同じものを感じました。

釈　それも、さっきおっしゃったように、インターフェースに立つ者の、ある種の責任の取り方であり、手練手管である。

内田 そうです。だって、それってきわめて高度な技術を駆使しているわけじゃないですか？　そのやりとりの整合性を保つために、宗家文書として公文書をアーカイブをしていた。それを知ると、ここにはほんとうに高度な外交技術、深みのある生活知があったんだと思いますね。

釈 改竄の証拠も全部残ってしまっているんですか？

永留 そうですね。為政以徳印といって、朝鮮国王が使うはずの「印鑑」も残っています。

内田 為政以徳。「徳を以て政を為す」ですな。でも、朝鮮国王が使う印鑑が対馬にあるのって……。

永留 今は福岡の九州国立博物館に原物があります。木造印なので偽造と判るんですが、これが見つかって、調べてみるとですね、秀吉宛てに朝鮮国王が捺したはずの印鑑と同一の物ということもわかりました。秀吉宛ての国書が……。

内田 全部嘘だったと。

永留 作っちゃったの？　ということです。

内田 延々と改竄に改竄を重ねて。

永留 どこからどこまでを改竄したか、わからないですけど。

釈　面白いなあ。

内田　国書偽造事件って映画にしたいね。

釈　ほんとうですね。

内田　めっちゃスリリングだと思わない？

釈　はい。キューバ危機の映画みたいなのができそうな。

内田　一国を挙げて国書を改竄したっていうのってさ、それ、特殊なことじゃなくて、そういうことをするのが対馬の仕事である、と。この日本列島の玄関口で、外来のものを受け付ける対馬が負うべき余人を以ては代え難い責務なのだという、そういうきっぱりした腹の括り方がないとできない仕事なんだと思いますね。

永留　それはあると思いますね。例えば、朝鮮王朝と徳川幕府と直接交渉して、どっちが先に頭下げるかとなると、どっちもそれをできないわけですよ。そうすると、やっぱり対馬みたいな、国王でもないし将軍でもない対馬が両者の間に立って、おっしゃったように、双方が成り立つようにしていく、そういう役割はあったんだろうと思いますね。

釈　国同士が直接やるんじゃなくて、対馬藩を間に立て、結果オーライに持って行く外交のやり方です。

内田　国書を偽造するというところが、いいなあと思いますね。実にいい仕事をしているなあと思います。架橋というか、「ショックアブソーバー」というか、トリックスターというか、二つの集団の出会うところでは必ずそういう機能を担うものが必要とされるんですよ。

釈 そうなんですよね。両国に精通したところが緩衝材になって、直接バッティングしないで済むっていう。

倭館

釈 じゃあ、巡礼部の皆さんからも、ご感想をお願いします。

巡礼部 朝鮮にあった倭館は朝鮮風だったんでしょうか？

永留 これはね、どっちが建てるかっていうことで、朝鮮側と議論になってるんですよ。釜山に行かれた方はわかると思うんですが、龍頭山といって、今は釜山タワーというのが建っています。その山をずっと取り囲んで、一〇万坪の倭館がありました。

内田 一〇万坪ですか。

永留 だから、鎖国といわれた時代にこういう公館を外国に持っていたわけで、鎖国なんていうのは全くの嘘なんです。その広大な倭館、大工は朝鮮側と日本（対馬）側の共同建築として、住まいの部分は日本風につくることになった。住居部分はやっぱり住む人に便利なようにということで。

内田 なるほどね。

永留 倭館には茶碗を焼く窯もありました。

釈 窯を持っていたんですか。

永留 釜山窯です。室町末期から江戸時代の初めの頃、茶人の世界では、高麗茶碗みたいな素朴な茶碗というのが、お茶の精神に一番合致しているということで、すごく評価が高かった。だから、江戸時代になると幕閣とか有力者から、絵入りでこういう茶碗を朝鮮の土で焼いてくれという注文がくるんです。

内田 オンデマンドですな。

永留 絵御本というのが残っています。絵入りの見本を示してつくらせるんですね。茶の湯の世界ではかなり有名です。

釈 有名なんですか。

永留 「茂三」とか「玄悦」とか、その時期の倭館の陶工頭の名前が、茶碗の名称として呼ばれることがあります。

しかし倭館で土の供給とか薪の供給がだんだん少なくなってくると、そうしたら、対馬藩では、倭館窯が閉ざされる前に、その技術を全部引き継いで、対馬でも焼けるようにします。陶工を派遣して習わせて、対馬で同じものが焼けるように習熟させました。それが厳原の志賀窯とか、港の立亀岩の麓とか、そういう所に窯をつくったんですが、詳細はまだ未解明の部分も多いです。

内田　グローバルやね、昔の人は。

釈　グローバルですし、教養や文化に対しての慧眼をもっていますね。

内田　ほんとうにね。

日本の源流へ

釈　対馬で使われていた言語は、古代からずっと日本語なんでしょうか。

永留　そうですね。それはもう明らかにそうです。

釈　古い和語が残っている印象を受けました。

永留　和語？

釈　「ワタ」にしても「ツミ」にしても、大和言葉の古語ですよね。

内田　うん、豆酘（つつ）とかいう地名にしても、なんか。

永留　大和言葉もですけど、神話そのものが日本の神話、記紀神話の原型になるようなものが残っていますね。

釈　日本神話の原型が、ここにあるんですね。

永留　たとえば、タカミムスビ。これは、記紀神話の中で、イザナギ、イザナミよりももっとはるか昔の神さまです。造化三神といって、アメノミナカヌシの次に出てくるのがタカミムスビ。それを祀った神社が対馬にありますし、『日本書紀』の中には、対馬のタカミムスビを祀って、磐余（いわれ）の田を献上せよと書かれているわけです。磐余というのは、神武天皇であるカムヤマトイワレビコの磐余の地、飛鳥にあります。それを対馬の県主に祀らせるというのは、対馬にそのときすでにタカミムスビを祀る神社があって、それが大和朝廷にも認められていたということですから、その神話上の結び付きは、かなり古いものがあると思います。のちの時代になって、その神社を対馬に勧請したというようなものじゃない。

あるいは、明日行きますけど、和多都美神社が海幸山幸の伝説の舞台だったのではないかという指摘が、研究者レベルの人たちから出たりもしていますね。

もう一つ言えば、対馬に阿麻氐留（あまてる）神社というのがあります。この阿麻氐留神社というのも、天照大神（アマテラス）を祀るようになって阿麻氐留神社になったんじゃなくて、その逆じゃないかというのが神話研究者の定説なんですね。

釈　「阿麻氐留」から「天照」。

永留　要するに、「アマテル」というのはもう、その名前からわかるように、天空から世界を照らしている太陽を祀っているわけですね。まだ擬人化されていないんです。「天照大神」になると擬人化された固有名詞。だから、自然崇拝である阿麻氐留のほうが古いんじゃないかと。全国の式内社の中には、阿麻氐留という名の神社が、ほかにもいくつかあります。それぞれの地（クニ）で国造家が古くから太陽を祀った神様なんです。

だから、そういうものが、記紀神話が形成されていくときに取り込まれていって、昇華した形で天照大神になったんじゃないかと。

内田 なるほど。

永留 そういうふうにして見ると、対馬で古い神社というのは相当に古いものがあるし、日本神話の源流に近いようなものが厳然と残っているわけです。

釈 こちらのほうが源流なんですよね。

内田 こちらがオリジナルという。

釈 「どうして韓国化しないのか」などと言われても、「うちが（日本の）オリジナルですけど」って話ですよね。

永留 だから、韓国からいろんなものを、それこそ交易で持ってきたりもしていますけど、対馬に住む人間の民族性とか風土とか文化とか、そういうものは純然たる日本的なものを、むしろ、より多く今に残しているのかもしれないですね。

内田 明日からまた楽しみになってきました。

釈 では、今日はこのへんで。お疲れさまでございました。

番外編・個人的聖地巡礼――

多田小路

（一日目の日程終了後、厳原市街にある多田小路（ただしょうじ）へ）

巡礼部　多田小路というのがあるみたいです。

内田　多田小路は多田先生のお屋敷があった跡地です。厳原のどこかにあるんですけど、永留さんに場所を聞いてみますね。永留さん、今回の巡礼者たちは合気道をやっている者が多いんですけども、私の師匠に当たる多田宏先生がこの対馬のご出身なんです。先生にうかがったところ、多田小路という所が、先生の屋敷跡だそうなんですけど。

永留　多田小路、ありますよ。行きましょうか。

内田　おお、ありがとうございます。

巡礼部　まさに聖地巡礼。

内田　個人的な聖地ですけどね。

永留　多田小路というのは、厳原の大通りを北へずっと行って、八幡神社を百メートルぐらい過ぎた所です。

内田　もともと屋敷があった所を、のちに小学校に寄贈されたとうかがっていますけれど。

永留　ああ、そうですね。小学校は昔、あそこにありました。

内田　小学校はもうないんですか？

永留　新しい所に移りました。私たちは小学五年のときに、新しい学校に移ったんです。

内田　それまでは、永留さんもその学校に？

永留　その学校に通ったんです。

内田　そうですか。永留さんは多田先生の屋敷跡の小学校に通っていらしたのですか。

釈　うん、なるほど。

内田　なんという因縁。

釈　つながりましたね。

内田　つながったね。大きな輪がつながりました。

永留　やっぱりここでしたね。石柱が建ってます。

内田　あ、ほんとうだ。これで対馬に来た甲斐があります。

釈　皆さんの気分が一挙に盛り上がりました。

内田　来ました、多田小路。

永留　この通りですね。

多田家の屋敷があった多田小路にて。

内田 じゃあ、多田塾関係者集合して、写真撮りましょう。みんな集まって。もっと寄ってください。ちゃんとこれを入れてくださいね、多田小路。

内田 この奥に小学校があったんですか？

永留 この北側が小学校の敷地でした。

内田 これが小学校？

永留 今、警察署のある所に西校舎というのがあって、ここからこっちに東校舎。この通りを挟んで両方にあったんです。昔は、一学年六クラスぐらいありましたから、片側だけじゃ足りなかった。

釈 そんなに賑やかな時期が。

内田 それで多田先生がおうちを寄贈されたんですね。

釈　いやあ、素晴らしいなあ。

内田　先生の家の跡地は簡単には探せないかなと思っていましたけど、割と簡単に見つかりました。

釈　けっこう有名人であり、名家だったわけですね。

内田　厳原って、狭いですもの。

永留　そうですね。城下町でそっくり残っているから、通りの名前は多くがそのまんま残っていますよ。

太平寺

永留　太平寺にも行きましょう。すぐ近くですから。

内田　太平寺というのは？

永留　多田家の菩提寺です。

内田　多田先生の、多田家の菩提寺が！

釈　多田先生は、早くから対馬を出ておられるんですか？　それとも成人まではおられたんでしょうか。

内田　たしか多田先生の曽祖父の代に東京に出たはずです。

釈　じゃあもう多田先生は対馬を離れてからの人なんですね？

内田 曽祖父の代の方が近衛師団の将校になった。
釈 近衛師団とは?
内田 先生の四代前の方が近衛将校になって、のちに三高の弓道師範をされていた。先生の祖父は裁判官です。
永留 その多田家は家老家でしたか?
巡礼部 五百石の家老だそうです。
永留 この大通りに面したのは、大体、家老級の屋敷ですからね。
巡礼部 幕末のお家騒動のときに、小さい船で難を逃れたと。
永留 もしかして多田荘蔵ですか?
巡礼部 お姉さんと一緒にいて。
内田 お家騒動のときに玄界灘を渡って難を逃れて、萩の野村望東尼(もとに)の所に身を寄せたという話をうかがいました。
永留 やはり。野村望東尼を救出して、長州に連れていき、多田荘蔵自身も長州の奇兵隊に参加した。
巡礼部 代々家老家で、秀吉にもらった馬の轡が家にあるという。振ったらカラコロ鳴る。
内田 対馬に、日置流竹林蕃派という弓の流派があって、先生はその宗家なんです。

多田家の菩提寺、太平寺。

（太平寺）

内田 またもや聖地に参りました。

釈 来ましたよ、太平寺。曹洞宗ですね。

内田 じゃあ、記念写真を撮りましょう。

巡礼部 よろしいですか。はい、にこやかに。

釈 いい話題ですよ、これも。

巡礼部 いいお寺ですね。

内田 いいお寺ですね。ありがとうございました。これでもう、対馬に来て思い残すことはなくなっちゃった。

永留 まだ一日目ですヨ。

釈 （笑）。初日にしてもう役目完了になってしまっています。でも、感慨深いものがおありでしょうね、師匠のルーツに触れるということですから。

内田 そうなんですよ。

釈 そういえば、植島啓司先生が「対馬がお勧めです」と言われたとき、すぐに内田先生はおっしゃっていましたよ。

内田 そうでした?

釈 「実は多田先生が対馬出身で」というお話でした。司馬遼太郎も友人が対馬出身だという話を書いていましたが、何かご縁があると、グッと心理的距離が縮まりますね。

chapter 2

2日目

日本の源流と海民

万関橋
←
藻小屋
←
海神神社
←
対馬海峡遭難者追悼碑
←
とび崎展望台
←
和多都美神社

海を走る人々

（バスの中で）

永留 おはようございます。今日は厳原から北上して、上島の南半分、浅茅湾周辺をご案内します。いかにも聖地らしい、古い神社もあります。天気がいまひとつですが、広い海が見える展望台にも行こうと思っています。

内田 いやあ、対馬はどこを走っても海と山ですね。

釈 中央部の山のところは、土地の利用が難しいでしょうね。つまり、沿岸部に人が住んでるってことですか？

永留 そうですね。

釈 紀伊半島もそうでしたね。

内田 そうですね。

永留 もう山から海に直接ドーンと入って、急斜面を形成してます。

釈 ああ、やっぱり同じですね、紀伊半島と。

島を南北に走る縦貫道はほとんど山中を通る。

永留 よく似ています。

内田 人口当たりの船舶操縦免許所持者数って、すごく高いんじゃないかな？

永留 高いでしょうね、それは。漁師はもちろんですが、それ以外にも小型船舶の免許を持つ人が多い。

内田 船舶数も相当ありそうです。対馬の人口、三万人に対して、何千隻かあるんじゃないの。

永留 それと、紀伊半島との類似性で言うと、自家用車は軽自動車がすごく多い。

釈 一人一台、軽自動車をもつような状態でしょうか？

永留 それ以上かも。和歌山、長崎、島根、高知……。平地が少なくて、海に面した山際に曲がりくねった細い道が多い県です。ここでは軽自動車が便利なんです。

内田　曲がりくねった細い道がある所は、軽自動車ですな。
釈　鉄道はあるんでしたっけ。
永留　鉄道はゼロです。
釈　ゼロですか。じゃあ、ほとんど車で移動ですね。
内田　鉄道を引こうっていう話はあったんですか？
永留　どうでしょうねえ。対馬の山は硬い岩山なんですけど、その岩盤をくり抜いて、トンネルを掘る技術が難しかったんです。近年やっとトンネルが増えてきた状況。だから、多分、鉄道計画は、なかったんじゃないですかね。
内田　トンネルを掘れないんだ。
永留　トンネルを掘らないと真っすぐな線路はできませんから。それよりも海の上を走ったほうが、トンネル掘るより早いみたいな。
内田　なるほどね、海の上のほうが早いな。
釈　じゃあ、最近まで島内の移動も船が主力だったんですか。
永留　私たちが小学生の頃までは、沿岸船というのがありましたね。
内田　公共交通機関として。
永留　そう。江戸時代の頃は、東沿岸を「灘回り」と言ってた。近代になって万関の水路が開かれると、厳原から北上して、万関を浅茅湾に抜けて、今度は西海岸（にしめ）を北上する西沿岸航路もできました。

釈　上島の東海岸はどうするんですか？

永留　東航路もありましたが、大きな集落があるのは、三根とか仁田、佐須奈と佐護あたりで、上島では西のほうに多かった。江戸時代の船便には「村継ぎ」というのもありました。要するに、一艘の船で全部のルートを行くんじゃなくて、ある村の沖合はその村が担当して、隣村に来ると次は隣の村が引き継いで、それでリレーみたいに継ぐ。

釈　船でですか？

永留　そうです。城に収めるものや荷物もそういうふうにして船で送ったりしていました。北から南まで遠いから、一カ所の人間にやらせるのは負担が大きい。

内田　船もそのつど乗り替えるんですか？

永留　船はその地域地域で、そういう時用の船を準備していました。

釈　バケツリレーみたいに？

永留　そうそう、船のリレーなんです。

内田　そうやって乗り継いでいくわけですね。やっぱり海民の文化圏ですねえ。操船技術がないと、とにかく流通も成立しない。（窓の外を見て）おお、絶景ですなあ。

永留　この辺の海は、特に晴れているときはきれいです。

釈　すごいですね。

（この日は曇り時々雨）

内田 青空の下で見たいなあ。昨日、対馬空港へ来たときは、きれいに晴れ上がっていたのに。

永留 天気のいいときにはもう、海が濃い青色だし、緑色に見える所は下が砂地なんですね。底が白い砂地だと、もう澄み切った青緑色。岩場のある所は青々、というか、濃紺。

ミツバチと海峡

巡礼部 あのー、山の傾斜側のほうに、木の切株の上に屋根を乗せたみたいな、お地蔵さんみたいなのがポコポコあるんですけど、あれはなんですか？

永留 ああ、蜂洞（はちどう）といって、ミツを採るための、ミツバチの巣ですね。

道路脇の崖などには蜂洞（蜂の巣箱）が並んで置かれている。

巡礼部　え、あれミツバチの巣なんですか？　私、宗教的なものだと思って。

永留　直径四〇センチくらいの木をくり抜いて仕掛けておくんです。するとその中にミツバチが入ってきて、蜜をためていくんですよ。それを下から引き出す。

巡礼部　窓とか網とかは、全然ないみたいですけど。

永留　下のほうに口があいてますね。

釈　野生のハチですね。

永留　そう、天然のミツバチ。日本ミツバチです。

釈　日本ミツバチって結構ピンチなんですよね。

永留　近年は韓国から外来のスズメバチの一種が入って来たり、病気とか、ピンチ続きです。本来は、ミツバチの飛べる距離よりも海峡の距離のほうが長いから、対馬には外来種が一切入ってこなかった。

内田　入ってこられないんですか。ハチには越えられない海なんだ。

雞知（古墳時代遺跡）

大和朝廷とつながる古墳

永留 雞知(けち)という所にやってきました。正確には、その枝村(えだむら)だった所で高浜といいます。古代の対馬の県直(あがたのあたい)の拠点が、ここだったんじゃないかといわれています。史跡から見ると、弥生時代までは、三根湾とか浅茅湾(あそうわん)が中心なんですが、古墳時代になると明らかに中心地はここに移ります。東側の外洋に面して、浅茅湾にも近い。雨が止んだから、ちょっと降りて手足を伸ばしましょうか。

釈 なんだか昨日に比べて対馬に来たというムードになってきました。

巡礼部 そうですねえ、対馬感が。

釈 今、看板出ていましたけど、このあたりを根曽(ねそ)っていうんですか？

永留 ここはですね、正確にいうと高浜です。そのまた枝村がネソです。そこに根曽古墳群があって、地籍簿には根っ子の根でなく、十二支の子(ネ)を書きます。六基の前方後円（方）墳や円墳があるんですが、裏の山が繋っているので、探したらもっとあるんじゃないかと言われています。

内田 対馬の地名は難しいですね。音だけあって、あとから漢字を当てたものも多いんでしょうね。

永留 奈良時代かその前か、一時期、全国各地の地名には「好い字二字を当てて報告せよ」みたいな命令が、朝廷から出されるんです。それで、かなり元の地名の意味と違う漢字が当てられたりした所が多い。それは日本全国そういう傾向にあります。

釈 あるんですね、奈良時代にそういう指令が。それはいいことを聞いた。

永留 だから、本来の意味がわからなくなった古い地名というのが結構多いんです。

釈 この「根曽」っていうのも、「石とか岩がごろごろある地」っていうような意味があると何かで読んだことがあるんですけれども、どうなんでしょう。ご存知ありません？

永留 「ソネ」(岨)がそういう場所ですね、山頂近くに石が多い岩山。ただ、この辺も岩がごろごろあったのは確かです。古墳の石材なんかも「大敷網」という網の重りに使われて、今はもう跡形もない古墳もあります。大正時代に来た考古学者が、「これは一目見て前方後円墳だとわかった」と報告した所も、行って見ると、今は地山の岩がむき出しで、それらしき石なんか見当らない。

釈 古墳の石を使っちゃったんですか。

永留 はい、石を取っていって重りなどに。

内田 石使っちゃった。

永留 ここの対岸の岬に、今、ホテルが建ってますけど、戦前・戦中は陸軍砲兵部隊の演習場がありました。大西巨人が書いた『神聖喜劇』という大作、あれの舞台が雞知の砲兵連隊で、高浜の演習場に行くという場面も出てきます。その演習場があそこです。

内田 グランドホテル……。

永留 （笑）。その周辺にも石組があって、陸軍の砲兵部隊が使ったと思われるものと、もっと古い、これも古墳じゃないかと思われるようなのもあります。昨日行った矢立山古墳も、まだ全部の調査は終わってません。

向こうを見ますと、山の上に送電線の塔が立っていますね。そのちょっと左側のこんもりした所。あそこに出居塚（でいづか）古墳という、対馬で一番大きい前方後方墳があります。ここも半分石積みです。畿内や壱岐の古墳だと土を盛りますが、対馬では、材料の関係じゃないかと思うけど、土を集めるより石のほうが手早く集まったようです。石を積んだあとに、ここの場合は土を被せています。場所によっては石積みだけのものもあるんですけどね。長さが最長の所で四〇メートルぐらい。対馬では一番大きいものです。

内田 古墳の前、後ろってどうやって決めるんですか？

永留 それが今、今というか昔から考古学では問題なんですけど、横から見ると馬車の形に似ているっていうんで、その四角い突き出た部分を前として「前方」、うしろが円形に丸くなっていて、「後円」と呼んだんです。だけど、この後円部といわれる所に石室はあるんです。だから、主体部は円のほうなんだから、前と後の呼び方が逆じゃないかって。

内田 この場合はどっち向いているんですか?

永留 手前側に前方部があります、左側に。

内田 前方、後方、あっちが北西ですか?

永留 こうなっていますからだいたい北、北東に石の棺がありますね。

内田 北東を向いている。そうですか。丑寅の鬼門のほうを向いている。なんだろう。

永留 これが一番大きいですが、この一帯にはこういう高塚式の古墳がいくつもあります。それに矢立山古墳は終末期でしたけど、出居塚は四世紀後半。ネソはまさに古墳時代の、五世紀ぐらいから七世紀にかけてのものです。向こう側にまた別の送電線の塔がありますね、あの辺りにもやっぱり円墳があります。

内田 古墳に送電線かけてはいかんですな。あれ、取りなさい。

永留 (笑)。対馬では墳丘のある古墳というのはあんまり多くありません。そのなかでこれだけ密集して古墳があるというのは、大和朝廷が成立した直後、畿内五カ国と宇佐に国造を置いて、対馬には県直を置くんですね。国よりはランクがちょっと下がるけど。その県直一族以外に、この墓の主はいないだろうと考えられています。

⬇の位置が出居塚古墳。

　出居塚は初期の形でして、形の上でも大和朝廷とのつながりが確認できます。遺物としても、大和の古い古墳に特徴的な柳の葉みたいな形をした銅鏃が出たりしているので、そういう人物は、対馬の県直しか考えられないというのが、考古学者や古代史研究者の一致した見解です。

釈　古墳を同時期に同じ形でつくるということは、中央とは敏感に連動していた証左ですね。

内田　技術自体の水準は、同じくらいあったんじゃないですか？

釈　そういうことですよね。

内田　半島から来るとしたら、浅茅湾からしか入れないということですよね？　ここからしか接岸できないという上陸地点が決まっていないと防衛のための城塞は作れませんものね。

永留　政治の拠点を守る出城（でじろ）ですね。古墳が集中している雞知一帯が当時の政治拠点だったという推定と一致します。浅茅湾以外に上陸しても、拠点（雞知）とは山で隔てられています。

釈　倭寇の拠点だったのですか。

永留　はい。時代が下って、中世には、浅茅湾がいわゆる倭寇の拠点になりました。それで高麗から攻められたり、朝鮮王朝から攻められたりします。

釈　激戦地だったんですね。

海民たちの拠点

永留　浅茅湾の西の入口に尾崎という集落があります。ここからは中世の焼けた倉庫の跡が見つかったのですが、そこを発掘したら、出土品は九割以上が貿易で手に入れたもの。要するに国外の物が九割以上を占めていたんです。だから、それだけの貿易をする業者というか、有力者がいたんですね。そういう拠点としても、やっぱり浅茅湾が中心なんです。

昨日、対馬では古代から銀が採れていたという話をしましたが、その銀を朝廷におさめるために、海を越えて運んだのは、浅茅湾の北岸、烏帽子岳（えぼしだけ）の南麓にある貝鮒（かいふな）の者だったといわれています。貝鮒は、もとは「海夫の浦」だったんじゃないかと。浦のことを対馬では「な」って言うので。

内田　なるほど。「かいふ」は「海民」の「海部」ですね。
釈　「海民」の「海部」、「海部の浦」、それで「かいふな」ですか。貝鮒に、何か古い神社のようなものはあるんでしょうか。
永留　白銀神社がありますが、貝鮒の人たちはみんな、これから行く和多都美神社の氏子でもあるんです。
釈　烏帽子岳があって、和多都美神社があって、向こう側に貝鮒。なるほど。
永留　ちょっと離れていますけど、みんな、お祭りのときには船で行きますから、さすがに海民だなあという感じですね。
　ただし、大宰府と行き来する船が大きくなる、あるいは港湾が浅くなるにつれて、政治の中心は、雞知から厳原に移ったんじゃないかといわれています。
内田　そうか、遠浅になっちゃうと、大きな船の港としては使えないんだ。
永留　そうですね、大きな船が接岸するには深い入江でないと。
釈　船が大きくなるにつれて、深い所を選ぶようになってくる。政治・経済の中心地も移動となる。
巡礼部　大きな船というのは、何人ぐらい乗れるような大きさだったんでしょう?
永留　構造船っていうことですね。船室を持った船です。唐や新羅の商船では四〇~五〇人の記録があります。八世紀の遣唐使の船なんかは一〇〇人以上は乗れますね。

内田　一〇〇人乗る船ですか。ここは、昔は西と東の海がすごく近かったんですね。パナマ海峡みたいな。

永留　そうです。一番近い所っていうと、次に行く大船越（おおふなこし）とか小船越（こふなこし）とか、そういう所になるんですけど、耕作できる平地が少ない。

釈　船越って、実際に船が越えたってことですか？

内田　大船越って運河があったわけじゃなくて？

永留　運河は江戸時代になって、それまでは大きい船は大船越を、小舟は小船越を越えたと伝えられています。ただし大船越は荷物と人だけなのか船も越えたのか、不明です。

内田　距離はどのぐらい？　何キロかあるんですか？

永留　いや、小船越なんかは二〇〇〜三〇〇メートル。

内田　あ、そんなに近いんだ。だから、みんなで船を担いで、タッタッタッと。

永留　そうです。仏教伝来のときには、小船越に来て、そこで泊まったときに、仏像と経典を安置するための庵を建てたという記録があります。日本最古の寺でしょうか。

大船越

（バスから）

永留　ここは大船越の奥のほうです。東の方へ、今から向かっていくのが、掘り切られた所です。左側の奥をずっと進むと、まるで行き止まりのように見えますけど、グルッと回ると浅茅湾が広がっていくんです。迷路のような所です。

釈　すごい所だなあ。

巡礼部　日本海海戦の船は、ここを通ったんですか？

永留　いや、ここは通っていません。当時も今も、軍艦が通れるほどの幅と深さはありません。

（バスを降りる）

内田　これが大船越のどん詰まりですか。

永留　ここが大船越。あの橋の向こうが外海（対馬海峡）になります。そしてここが、一六七二

大船越の瀬戸。この奥が浅茅湾につながる。

年に対馬が一番最初に南北に分かれた所。分かれた後は関所が置かれて、通行を監視していました。

ただ、監視するといっても、二四時間ではなかったみたいです。堀切の真ん中に柱を建てると、満潮のときは、その柱より上に水面があるんです。つまり満潮のときは船が通行できるけど、潮が引いたときには通行できないようにし、主にその満潮のときを警備しておけばいい。非常に知恵のあるやり方だと思います。で、通行料を取って、浅くなってきたらそのお金で浚渫（しゅんせつ）工事をやる。

明治維新になってしばらくすると、そういう制度そのものも全部なくなってしまいます。管理していた藩がなくなったんですね。それで、通行料を取ってないから費用もなくて、浚渫工事ができずに、「潮が引いたときは高下駄で渡れるぐらいだった」というエピソードもあります。しかし実際には、明治以降は毎年、旧暦の三月、大干潮（おおしお）のときに村人の総出で「瀬戸浚（さら）え」をしていました。戦後しばらくまで年中行事だったとか。

大船越事件

釈 何か碑があるよ。

内田 ほんとだ。

永留 幕末の一八六一年、ここを無理矢理通ろうとしたロシアの水兵と、拒もうとした関所の役人が対立して、犠牲者が出た（大船越事件）。

ロシアの軍艦が、浅茅湾の西の入口で停泊するんです。ちょっと故障したから修理させてくれって、無理矢理に居座って。そのうち、浅茅湾の奥までボートで入って地形と水深とを測るんですね。要するに軍艦がどこまで入れるか、そういうことを調査するんです。どこの軍隊でもそうですけどね、海軍が行くとやっぱり、入港する港の深さとか、どういう施設があるか、今でもそんなことをやります。

そして、いくらボートが通れるといっても、本来はちゃんと許可した船が通行料を払って通るということだから、むやみに通っていいわけでもない。関所を守る役人と「通せ」「通さない」の押し問答になっているところに、ロシア軍の士官がピストルで一人を撃ち殺してしまった。こちらがそのときに亡くなった松村安五郎さんの碑。もう一つはロシア側に捕まって自害した給人（きゅうにん）（郷侍）・吉野数之助さんの碑です。

釈　幕末にこんな事件があったんですね。それまでの東アジアのルールとは、全然違う印象ですよね。それまでは漂流者は温かく迎えて帰してやっていたのに、ロシアが突然やって来てピストルを撃つみたいな。

永留　対馬では、外国からの脅威というのは何百年に一度くらいなんですけどね。

釈　何百年に一度。むしろ少ないような気がしますね。

「忠勇」と記された松村安五郎の碑。

吉野数之助の碑には「義烈」。

永留 普段から通行している国とは、きちんとルールもできていますから。

釈 もうそこは外海じゃないですか。ちょっと行けば大海なんですね。ここまで入ってこれるのか。そこを渡って、ここか。

堀切由来の碑

永留 今見えているのが、この堀切をつくった記念の碑です。一六七一年だから、万松院で一番大きな墓だった藩主、宗義真（よしざね）さんの時代。銀で栄えていた頃です。このすぐあとに、釜山の倭館も広い所に引越しができるようになるんです。そのためにこれをアピールしました。朝鮮往来のため、あるいは密貿易の取り締まりのためにこういうものをつくっているんだ。だから、ぜひ倭館を広い所につくらせてほしいと。延べ三万五〇〇〇人の人夫を動員して、約半年かけて掘り切りました。その後も四期に分けて拡張工事がなされ、長さ約二六〇メートル、幅二〇〜三〇メートルになりました。瀬戸を渡る渡し舟も置かれたそうです。

内田 すごい苔ですね。

永留 文字が書かれていますね。堀切事業の責任者（郡奉行（こおり））の名前が書いてあります。

巡礼部 形はお墓っぽい。つくった人のお墓というわけではなくて？

釈 お墓じゃないみたいですね。メモリアルタワーです。

巡礼部 昨日の宗家のお墓と同じような形に見えますが。

瀬戸に向き合って建つ堀切由来の碑。

釈　そうですね。五輪塔に近いデザインとなっています。

巡礼部　でも別に、人の御霊をっていうわけでもないんですね。

釈　うん、記念碑。これも定型のデザインの一つなんです。

巡礼部　亡くなろうがめでたかろうが、冠婚葬祭には全部黒いスーツで行くぞみたいな。ネクタイ変えればいいでしょうぐらいの。

永留　今ちょうど引き潮みたいです。

内田　引いていますね。

釈　すごい所だなあ。もう波が来ているじゃないですか。

内田　水位差があるから渦巻いてますね。

永留　満月なんかになると、もっと大きな渦を巻きます。

釈　子供のときこんな所に住んだら、絶対ここで遊ぶなあ。ちょっと写真撮ろう。

内田　これ、面白いね。二つの海が干渉し合うと渦巻ができるんだ。

大船越の瀬戸から東の外洋、水平線を眺める。

永留 向こうに水平線も見えてきました。

釈 山で生まれ育った私には、驚くようなロケーションです。あ、なんかある。恵比寿や。

永留 天気のいいときは、もっと青くなって澄みきった磯がキレイです。

巡礼部 この極彩色は、スタイルがあるんですか？

内田 ちょっとアルカイックですね。

釈 この上は金比羅宮だ。ここは悪くないぞ。金比羅は、異国の神です。ちょっとのぼってきます。

内田 雨降ってきちゃったから早くねー。

（金比羅宮へ）

釈 いや、ここはいい。でも、本殿とか拝殿とか雑なつくりで、なんか変な色を塗っ

極彩色の恵比寿さま。

てたりするのがちょっとですけど。

巡礼部 ここを開いたときにつくったんですかね。開く前からあったんでしょうかね。

釈 元々はとても素朴なものだったのでしょう。そこに誰かが寄贈してつくったりしているんですよ。この社自体はそんなに古くないはずです。

巡礼部 なるほど。もともとの自然の力が強そうな所ではありますからね。

釈 ほんとですね。仏教とかは理念先行ですからね。でも、自然崇拝が生まれる場所はこういう所でしょう。外海がすぐそばですからね。渦が巻いてて、水平線も見えて。

恵比寿さまの脇から金比羅宮への石段をのぼる。

海辺の祭祀はどこでも航海安全と豊漁の祈願。

帰港の無事を祈る波切不動が海に向かって立つ。

万関橋

（バスの中）

永留 もう五分もせずに万関橋に着きます。その下には、日露戦争の直前、一九〇〇年に、海軍が掘った水路があります。南北に八〇キロ以上もある島で、浅茅湾から東側へ行くのにグルッと回っていると、ものすごく時間がかかりますからね。戦艦みたいな大きな軍艦は通れませんが、魚雷艇など二〇〇〜三〇〇トンの船だと通れるようになりました。

このカーブを曲がると赤い橋が見えてきますよ。歩いて渡ってみましょう。

（バス下車。橋を歩く）

内田 万関っていうのは何か意味があるんですか？

永留 万関（まんぜき）、「ぜき」と濁って言います。この瀬戸が開かれる以前は、ここも船越と同じように、船を東西の浦に留め置いて、丘を越えたと言われてます。それを「万関越え」と言っていたそうです。

内田 せき止めるの関。

釈 関所の関で万関。

内田 おお、これは絶景。

釈 かなり潮が戻って来ていますね。

永留 大きな渦潮が見られる時もあります。

内田 すごいなあ。

釈 海の道といった様相ですね。そっちが外海ですか？

永留 こちらが外海で。

内田 どの辺、掘ったんでしょうねえ。

永留 この下を掘ったんです。

釈 ここが狭かったんですね、きっと。

永留 コンクリートで護岸してある部分が、削った所ですね。

釈 あの、かなり切り立っている所ですか。日本海軍は、短期間に掘削したんでしょうか。

永留 そうですね。昭和の半ば頃の写真、見てみますか？ 二代目の橋で、この橋は昭和三一年の完成です。

内田 もともとどれぐらいの距離だったんですか？ つないだのは。二〇〇〜三〇〇メートル？ もうちょっとあったんですか？

永留 掘削される前の「万関越え」が約二〇〇メートルと伝わっています。新しい橋が架かる

昭和に架け替えられた鉄橋(旧厳原町観光協会のパンフより)。

現在の三代目となる橋からの眺め。水路の幅も広くなった。

たびに少しずつ広く長くなっています。今の橋が三代目です。

内田 最初は橋がなかったんですか？

永留 最初から橋は架けたみたいです。

釈 日本海軍の思惑は、どの辺りにあったんでしょう？

永留 やっぱりロシアとの戦いに備えたんでしょうね。対馬は南北に長すぎます。大きな軍艦までは通れなくても、魚雷艇なんかは通したい。あるいは通信・偵察用の船なども、迂回するだけの馬力も速力もないですからね。それで日露戦争前にあそこを掘削します。

内田 一九〇〇年にできたってことは、戦争始まるわずか四年前じゃないですか。

釈 その頃に、もうロシアとやるつもりだったんだ。バルチック艦隊とやるには、対馬のどっち側がポイントなのかっていうことまで考えて。

内田 ウラジオストックにも海軍がいたわけだから。海戦になるとなったら日本海のどっかだろうから、そのときに対馬の真ん中が通れると便利がいい、と。

釈 なんか、太平洋戦争のときよりずいぶん考えていますね。

内田 日露戦争までの日本はリアリストですよ。

釈 その後、劣化していったんですね。

内田 大日本帝国の指導部は一九〇六年から急激に劣化してゆくんです。

永留 日露戦争に勝つまでは、ものすごく緻密にそういうことも研究するし、対馬が軍事拠点

万関瀬戸を浅茅湾から東の海へ抜けていく漁船。

としても重視されていくんです。けど、これ、勝ってしまうと、対馬は重要性は薄れるけれども、不幸なことに、軍事要地として開発だけは禁止されました。対馬にとっては一番悪い状況になっていくんですよ。

内田 そうか。

永留 だから万関に橋は架かっているのに、対馬の南北縦貫道路が貫通するのは結局、一九六八年（昭和四三年）です。

内田 対馬にとってはよくなかったんだ。あ、船が来た。

釈 結構な高速で走っていますよ。えらく飛ばしてる。

巡礼部 渡っているあいだに下まで来るかなあ。

釈 近くで見るとかなり大きな船ですね。今はこれくらいの船なら通るんですね。

永留 昔は、この両岸がね、もっと傾斜がゆるく狭かった。今はだいぶ削って、ほぼ垂直になっています。

内田 もうすぐ来ますよ。

釈 これが天神祭りだと、みんなでここで大阪締めをやるところですが。

内田 大阪締め（笑）。

釈 今なら戦艦は通りますか。

永留 いやあ、ちょっと。やっぱり魚雷艇ぐらいでしょう。

内田 深さが足りなそうですね。幅はあっても深さは無理でしょう。

釈 あの船、グイグイ走っています。

内田 ああ、通りました。ああ。

小船越と芦浦と鯨組

永留 この先、一〇分足らずで小船越に着きます。ここが、先ほども言った、仏教伝来のときに仏様とお経を安置した場所です。西漕手（にしのこいで）という小さな港があります。浅茅湾へ、つまり西に漕ぎ出すという意味の地名ですね。東に面した浦（入り江）は、今の地形よりも深く海が入り込んでいたようです。

この上に阿麻氐留（あまてる）神社というのがあります。この道路ができるまでは、阿麻氐留神社の石段が、真っ直ぐこちらに続いていて、石段を下りた所で潮を汲んで、それを使って神事などを行っていたという、そういう所です。「阿麻氐留」という神様は、昨日も言いましたけど、天照大御神という神様が生まれるモチーフの一つだろうといわれています。

　東に面した浦深い所は、芦浦（よしがうら）といいます。芦浦といわれるだけあって、この湾の出入口の辺りは良い漁場として有名です。魚ももちろんですけど、アワビ、サザエなんかもすごく大きなのが今でも採れます。そして、江戸時代には鯨組（クジラ）の納屋もありました。

巡礼部　対馬に鯨組があったんですね。

永留　古くは中世に、鯨を採った古文書が伝わっています。ただし江戸時代の鯨組は、紀伊半島の太地が起源みたいです。捕鯨は対馬に伝わる前からすでに、五島や壱岐では盛んだったんです。対馬でも、そんなに儲かるんだったら、対馬藩の者でもやれということで、亀谷という人が鯨組を起こすんです。この人は鯨長者と呼ばれました。それほど儲けて、藩にもたくさんの寄付をしています。

　ところでクジラは左側通行なんです。意味がわかりますか。

内田　左側通行？

永留　左側通行というか、初夏に、東シナ海のほうから日本海に向けて北上していくときには対馬の西側を通るんです。秋になって日本海から下ってくるときには対馬の東側を下ってくる。だから、そのときに今の芦浦に鯨組の納屋ができた。対馬海流は、西側のほうが流れが速いので、北に行くには、それに乗るほうが楽。流れに逆らって南に下るときには、東側のほうが広い分、流れは緩やかになるので、そちらを下ってくる。

だから、ロシアのバルチック艦隊は、軍艦以外に輸送船とかも引き連れているから、西側の速い流れのほうは通らずに、緩い流れの東側を通ろうとした。日本海軍も、もうこっちしかないと読んだ。

釈 読みが当たった。

永留 もう確信を持って、絶対にこれは東水道を通ると。

内田 クジラと一緒。

永留 クジラは流れに乗って北上しますが、馬力の弱い輸送船には、流れの遅い側が通りやすい。それをよく知った上での判断だったんだろうと思います。

バトル　オブ　ツシマ

釈 ロシアからスッと下りてきたら、もうここなんですよね。

内田 真っ直ぐ下りてくると対馬に来ちゃう。

永留 だから、ロシアが太平洋に出ようとすると、どうしても対馬沖を通る。

釈 あらためて、対馬が要衝であることがわかりますね。

内田 日本海海戦は、まさに対馬の海戦だったんですね。

永留 だから、英語では、"Battle of Tsushima"。ネットで検索すると出てきます。

釈 ほんとうですか。

巡礼部 日本海海戦ではなくて、対馬沖海戦？

永留 対馬沖海戦なんです。

釈 東郷平八郎が、艦を横向けにして撃ってバルチック艦隊を破ったやつですね。

内田 これはもう、対馬からよく見えたでしょうね、海戦の様子がね。

永留 私が高校時代、厳原で下宿していたとき、その下宿のおばさんというのが、比田勝のちょっと南の一重という所の出身でしたけど、日露海戦のときに……。

内田 見えたんです？

永留 雷みたいな大きな音が沖から聞こえだしたので、裏の麦畑、段々畑をね、のぼって見にいったと聞きました。

内田 で、見えたんですか？

永留 見えなかったって。

内田 音は聞こえるけれども、見えなかったんだ。

永留 そう、音は聞こえた。しかし、その夜になると、今度は沈没したロシア艦の兵隊が、隣の村に。

内田 え、そこまで？

永留　正確には二つぐらい離れた村に……。
内田　漂着したんですか？
永留　そう。ボートに乗って上陸したというんで、「怖かったけど、みんな見にいくっていうから怖々ついていったよ」とか。
内田　で、どうなったんですか？　ロシア兵たちは。
永留　そこと西泊という所と、二カ所上陸した所があるんです。
内田　捕虜になったんですか？
永留　相手は兵隊といっても、もう戦意はないので、対馬の人たちはものすごく温かく迎えて、食事を出したり、傷の手当てをしたりしました。翌日、日本の軍艦が来て、そこで正式に武装解除して収容、捕虜となるんです。それまでは、軍に投降したわけじゃないですからね、捕虜でも何でもないけれども、もうすでに戦意のない人たちであるし、ケガ人もいて困っている。それを助けたいということで、そういう住民と兵士の交流がありました。
内田　そうだったんですね。
巡礼部　日露友好の碑っていうのがあるんですよね。ロシアの兵隊さんを助けたというので。
内田　あるんですか。
永留　あるんです。
釈　あるんですね。

内田 和歌山におけるエルトゥールル号遭難事件みたいな。

永留 そうです。このことを記念して、ずっと、村の人が毎年その日に運動会をやっていたんですけどね。そこに記念碑を建てるというんで、東郷平八郎さんがその話を聞きつけて、自ら「恩海義嶠」と揮毫(きごう)した。「恩に溢れた海には義が高い」と。「波たかし」じゃなくて「義はたかし」。村民の、素朴な気持ちから出た、「困っている人を助けたい」という、そういう気持ちを称える碑が建っています。

内田 まだ、この頃は日本はまともだったんですね。

釈 まともですね。

内田 捕虜だって、すごく優遇したわけでしょう? この頃から第一次世界大戦までは。

永留 ちょうどその頃が、その境目の頃ですね。東京のほうでは、国威発揚みたいなのが煽られて、日比谷公会堂の焼き討ち事件があったり、そういう時期ですからね。

内田 ありましたね。

永留 ちょうどそのギリギリのあたり。一方では、国威発揚に向けて世論がつくられていくけども、他方では昔ながらの、特に海で生活する人たちにとってはね、遭難した人は助けるというのが、これがまず原則なんですね。

内田 そうか、海民の常識なんだ。海民というのはね、砂漠のノマドと同じだという話を、前にしていましたよね。

釈　ああ、そうでした。

内田　砂漠でもね、荒野の彼方から到来した旅人は必ず幕屋を上げて歓待しなければならない。

永留　中央アジアとか、中東でも、みんなそう言いますね、アラブの人たちなんかも。訪れてきた人は皆兄弟だと。いくら貧乏していても食事を出してもてなすというのが礼儀。

内田　対馬も、そういう海民の文化なわけですね。

永留　そうですね。板子一枚下は地獄、そういう海で助けあって生きる者の知恵でしょうね。

内田　我々はね、海民文化を求めて、聖地を巡歴しているのですよ。

釈　そうなんですよ。このところ、そのシリーズになっています。

内田　聖地は、どうしても海民文化になりますね。

釈　我々が今、とても惹かれていることも事由のひとつですが。

内田　でも、やっぱり行くたびにね、あ、ここも海民の文化圏だなっていう発見がありますね。

釈　日本列島どこを取っても、海民の足跡のない所はありませんので。日本人のほとんどは、海民系ですよね。

永留　ちょっと話が変わりますが、妙見信仰もありますよ。

釈　え、こちらに妙見信仰あるんですか？

永留 これがね、場所が限られるんですよ。まず浅茅湾を西側に出て、突き出ている所をクルッと回った所。元島神社だったかな。ここは、地元の人も一般に「妙見様」と言っています。西海岸では、ここに一カ所です。これが東海岸になると、鴨居瀬、千尋藻（ちろも）、舟志とか、鰐浦の手前とか、四、五カ所あるんですね。

釈 鰐浦って一番北の辺りですよね。

永留 はい。妙見というのは天のお祀りには違いないんだけど、天照大神とかは太陽を祀るのに対して、妙見のほうは、北辰妙見というように北極星を祀る。

釈 はい、北極星の信仰ですね。

永留 これはやっぱり、外洋航路を航海する者にとっては、位置を確認するのに北極星が必要なんですね。

釈 はい、海を移動する海民の信仰です。

永留 その北極星を祀る妙見というのが、東側では中央部より以北に点々とあります。

釈 なるほど。

永留 要するに、大陸へ向かう航路上で、風待ちをしたであろう所にずっとあるんですね。西海岸は浅茅湾を出れば、そこからまっすぐ朝鮮を目指せる。東海岸は風待ちしながら北に移動して、都合のいい所で渡っていく。だから妙見信仰は、朝鮮に渡航する船とか商人とか、外洋航路の人たちがもたらしたんじゃないかと言われていますね。島の南の方では、あまり聞きません。

倭冦の隠れ家

永留 浅茅湾沿いをしばらく走ります。湖みたいな湾が、いくつも枝分かれして入り組んでいますので、直線距離は近い所でも、海岸伝いに走らないといけないので、倍くらい時間がかかります。

内田 倭寇ってやっぱりバイキングだね。

釈 バイキングですか?

内田 ここって、まさにフィヨルドじゃないですか。

釈 ああ、そういうことか。

内田 浦の奥に潜り込むと追跡不能という。

永留 浅茅湾なんか、やっぱり慣れていないと追跡不能ですね。

釈 そうなんですか。

永留 さっきの大船越の瀬戸だって、入り口から見ても、奥のほうが行き止まりかどうかわからないでしょう。地図があっても、実際に船で行くとわからないです。入り江がたくさんあるから、崖や海岸線の様相を覚えていないと、ここから入れば向こうに抜けられるとか、この浦は奥が行き止まりだとか、素人には全然わからないです。

釈　そうか、それで海賊が。

内田　海賊の根拠地になるのも、わかるね。この湾の地形のせいだよね。

永留　隠れるには、ちょうどいいんですよ。時化（しけ）ないし、隠れる所はたくさんあるし。

内田　そこら中、隠れ家だらけだもの。

永留　真ん中に大きな島があってグルッと周りがつながっていたりすると、逃げるのも楽。なかにはそれこそ「船隠し」という地名もあります。

釈　いかにも迷路っぽいですね。

永留　入り江があるけど、奥に入ると、外からは絶対に見えない入り江がまたあるんですよ。まさに船を隠すにはちょうどいい所で。下手に追いかけていっても、追いかけているつもりが、うしろから奇襲攻撃されるとか。

内田　それじゃ勝てないね。

釈　倭寇の主たる人たちというのは、どんな人たちだったかわかっているんでしょうか。

永留　倭寇というのが、時代が下ると倭寇といっても中国の海賊だとか、高麗王朝の末期には、高麗民の困窮した人たちなんかが倭人の服装をして盗賊をやったりとか、そういうのもあるんですけど。

釈　もともとは倭人なんですね？

永留　初期は倭人だったけれども、貿易が禁止されているのに行くから、「賊」として扱われるわけですね。貿易が許されているときに行けば普通の商人です。だから、現代の海賊というイメージでは理解できない。

釈 なるほど、そういうことですか。

永留 だから、朝鮮王朝が倭寇討伐といって軍を派遣したときには、一番先に襲われた。しかし同時に、日本にあるもっとも古い朝鮮国の「告身」、身分証明書みたいなものですけど、それをもらっているような勢力でもあるんです。だから、朝鮮王朝が平和貿易を認めると、倭寇も少なくなっていった。

釈 現代人の感覚で判断すると、見誤る。

三根（弥生時代遺跡）

遺跡がジャカジャカ

永留 しばらく北上して、対馬の中ほどにある、三根にやってきました。弥生時代から古墳時代にかけての墳墓が密集しています。

釈　墳墓があるんですか。対馬の中ほど、浅茅湾周辺に墳墓の密集地があると。

永留　銅剣が出たり銅鏡が出たり。浅茅湾の北岸というのは、弥生時代の広形銅矛が一番多く出ている所です。「銅剣・銅矛文化圏」というのが昔ありましたよね、教科書なんかに。最初に行った雞知（けち）は古墳時代の遺跡でしたが、この辺はさらにさかのぼって、弥生時代です。タカマツノダンという有名な遺跡があって、銅剣とか銅鏡が出ています。

弥生時代初期の磨製石剣も出ました。朝鮮半島で出土する石剣とほぼ同じ形です。石材もよく似ています。対馬も含めた日本でつくられたものなのか、朝鮮から輸入されてきたものか、断定できません。

釈　武器ですか、祭祀で使うものですか？

永留　その辺はよくわからないんですけどね、大小さまざまあります。銅剣も出てくるんですが、小さく細いものは実用品。大きくなると、何かのシンボル的なものだった。

釈　レガリア（王権などを象徴する物）ですね。

永留　ただ、銅剣の数は多いので、狭い地域の有力者というような人たちのものでしょうか。

ガヤノキ遺跡という、たくさんの青銅器が出た遺跡もあって、そこの弥生時代末期の銅矛なんかは大きくて、完全に武器ではないです。大きすぎて、振り回しても戦（いくさ）になりませんから、それは祭祀として使ったんでしょうけどね。

別の墓からは漢王朝でつくられた鏡も出土しています。紀元前の前漢の王朝です。『史記』を書いた司馬遷が活躍した時代ですね。鏡は、北部九州の伊都国では何十枚も出土しました。他にも四〇センチほどの大きな鏡があって、やっぱりこれは王者のシンボル、伊都国の国王クラスが持っていたんだろうといわれています。ですから、この辺りでは、対馬でもかなりの有力者がいた可能性が考えられます。サカドウ遺跡はガヤノキ遺跡の上流になります。川が蛇行するたびに突き出ている岬に、弥生時代の舶載の青銅器を出土した遺跡があります。

銅でつくられたものに関しては、それがどういう意味を持っているのか、まだわからないものもあるんです。ひょっとしたら銅の素材として、ガシャガシャと持ってきたのかもという説もありますが、豊富な副葬品がある所に限ってこういうのが出てくるから、そこに何か地域の統率者が持つシンボル的な意味があった可能性は高いと思います。

さらに井出遺跡は、弥生初期から縄文末期までさかのぼる遺跡ですが、ひょっとしたらここで農耕が始まっていたかもしれないということを思わせる、土器や石器が見つかっています。弥生時代の初期に現れる、水稲耕作の始まりの頃に現れるものなんです。朝鮮半島でも見つかるし、九州本土の北部からも稲作の始まる頃に見つかります。そういう点からも、この三根辺りでは、水田耕作を北部九州と同じ頃から始めたんじゃないかと思われます。

巡礼部　「サカドウ」とか「タカマツノダン」というのは、漢字に当てられていないんですか？

永留　はい。その土地土地の、土地にしかない言葉なので、もともとどういう字を書いていたかというのがわからないんです。口頭でずっと伝わっています。だから、土地の所有を表すときなんかに、地名として「サカドウ」は「坂堂」と書いたりするけど、意味不明で片仮名で書かれる所が多いですね。

巡礼部　「ガヤノキ」って聞くと、カヤノキみたいな木のなにかかなって思っちゃって。違うんですね。

永留　たぶん。対馬の弥生時代で面白いのは、普通、弥生式土器というのは赤焼きの、素焼きの土器なんですけど、硬い、窯で焼いたような土器が出てくるんですね。これは、中国とか朝鮮でつくられたものです。楽浪系といって、中国の漢の時代に朝鮮に楽浪郡というのが置かれるんですが、その楽浪郡でつくられた中国系の陶質土器です。

　ただし、割合としては、北部九州一帯と共通する土器が多いです。いろいろ舶載の物もあるけど、対馬はやはり北部九州と一緒なんだっていうのがよくわかります。量的にも多いですし、時代ごとに形がまったく一緒なんです。この壺は胴が膨らんで、ものすごく色っぽい感じの土器なんですけどね（私、ものすごくこういう形が好きだったんです）、これで考古学に興味を持ってしまった。

釈　発掘ものになると、永留さんのテンションが一気に上がりますね。

内田　そんなにジャカジャカ出てきたら、そりゃあ楽しいですよ。

釈　巡礼部は墓に行くとテンション上がりますけどね。

海幸の釣り針

永留　峰町の東海岸には、縄文時代の貝塚があります。その佐賀貝塚から、伊万里産の黒曜石が出ています。ナイフなどに使われたこの黒曜石は、釜山からも出ます。

そこからは釣り針も出ていて、普通は鏈型が多いですけど、軸と先の部分を組み合わせる形になっています。日本では北海道と太平洋岸の三陸海岸までしか出ないものだったので、それがなぜ対馬から出るのか、別の物じゃないかとかいろいろ考えられたりしていたんですが、その後ずっと研究が進んで、日本海の北岸、沿海州沿いにシベリアのほうから朝鮮半島の北部に伝わって、対馬まで来ているんだということが、韓国とか北朝鮮、ロシアなんかの出土例の報告からわかってきました。さらにその後、西北九州でも見つかっています。

巡礼部　海幸彦のお話も、釣り針で喧嘩するんでしたっけ？

永留　はい。あれは金属製の釣り針だったから、弥生時代以降ですね。古墳時代かも……。

巡礼部　海幸彦の釣り針がどんな釣り針かなんて、考えたこともなかったなぁ。

永留　話が変わりますが、対馬では縄文時代の中期までは、土器の形式が、熊本県の三角半島とか天草地域の貝塚と同じです。後期になってくると北部九州、福岡県の北岸辺りと同じ土器が出てくるんですが、海流とか気象条件を使って、何千年も前から、西九州一帯と割とつながりが深かったみたいです。長崎なんかとも。

巡礼部 長崎の西彼杵(にしそのぎ)半島でつくられた石鍋って、相当広い範囲に渡ってますよね。
永留 そうそう、石鍋の材料となった長崎近辺の滑石を含んだ土器が縄文時代の中期にもあります。縄文土器というと普通ザラザラした印象なんだけど、滑石が入っているのですべすべしてます。峰町歴史民俗資料館に展示されています。
巡礼部 すべすべの土器かあ。イメージと実際のものって、違うものが多いですね。

海神神社

永留 これから海神(かいじん)神社に向かいます。三根湾をちょっと出た所にあたります。木坂という所で、私の家は代々そこにありました。
内田 位置的には海岸のすぐ近くにあるんですか?
永留 外海に面した場所です。そのあと行く和多都美(わたつみ)神社は、対照的に浅茅湾の一番奥にあります。ここの伝説に登場する豊玉姫は渚で子供を産んで、夫の山幸彦に子供を預けて海宮に戻りますが、海神神社は上津八幡を名乗る前、和多都美御子神社ではないかと推察されます。

藻小屋とヤクマの塔

（バス下車）

永留 木坂にやってきました。海神神社を訪ねる前に、ここの人たちの海への親しみを感じてもらいましょう。浜辺に藻小屋とヤクマの塔があります。あの石積みの小屋、あれが藻小屋です。

釈 藻小屋ですか。不思議な景色だなあ。

内田 藻小屋とは何ですか？

釈 海藻を蓄えるための小屋だそうです。

永留 昔は、川岸からずらっと並んでいました。村のどこの家も一室ずつ持っていたんです。

巡礼部 これは石積みの職人さんがつくったんですかね？

内田 なかなかよく出来ています。

巡礼部 よく出来ていますね。コンクリートは使ってなさそうですね。

永留 この小屋はですね、横の壁は共用です。小屋同士がつながってるでしょう？ 個人主義じゃない。村の共同体でつくっている小屋なんですね。この中に漁具を入れたり、あるいは海藻なんか干していたのを、夕方とか雨が降るときに取り込みます。

永留 藻小屋の手前に大きな石がいっぱいゴロゴロしていますね。以前は波打ち際のあたりに

海神神社前の御前浜に並ぶ、石造りの藻小屋群。

壁は全面に石を積み、屋根のみ瓦を使っている。蓄えられた海藻は畑の肥料にされた。

あったんですが、前回の台風で、全部ここまで打ち上げられました。

内田 こういうものが波で押し上げられてくるんですね。恐ろしや。自然の力は侮れんのう……って別に侮ってはいませんけど、ここまで波が来たんだ。

しかし発泡スチロールが打ち上げられるのが、よろしくないですなあ。これ全部、海の上に浮いているやつが台風で来たんでしょう。梱包の入れ物もあるし、ブイも来ているね。発泡スチロールって永遠に分解しないのかな。

巡礼部 軽いから結構どこにでも散乱するっていう。

内田 どうせやるんだったら、もっともっと細かくなって、一ミクロンぐらいまで分解するのだったらいいんだけどね。

巡礼部 それのほうが怖くないですか？　今、魚とかに堆積するというのが発見されてるそうですよ。ミクロ状態の、ほんとに細かい目に見えない粒が堆積して、それが悪影響して。今、国際法でどうにかしなければといわれています。

内田 そうか、そうか。体内に蓄積するのは困るなあ。これ、でも、ほんとうに汚ねえなあ。

釈 （近寄って来て）どうかしたんですか？

巡礼部 発泡スチロールに怒っています。

釈 これね。ひどい光景ですね。

内田 これ、いろんな形で使われたものなんだよね。浮きに使ったりとか、梱包に使ったりと

とび崎へ向かう途中で眼下に見る藻小屋。

かしたもの。海に流れていくら細かくなっても、分解しないんだよね。ずっと流れ続けて、台風が来るとこうやって里を汚す。

釈 一時期より使われなくなっているような印象もありますが。

内田 と思いますけどね。うちの祖父がね、発泡スチロールというのがこの世に出た頃に、特許を取った人がこれを商品化する会社をつくったときに投資したんですよ。でもその会社はすぐに潰れちゃったの。誰も思いつかなかったの、使い道を。

釈 発泡スチロールをつくった、というだけで終わってしまったんですね。

内田 もののはずみでできたんだけれど、何に使うか思いつかなかった。で、注目したのが保温性だった。発泡スチロールって、暖かいんですよ。それで、発泡スチロールでまず座布団をつくった。

釈　それは……。使い道を見誤りましたねえ。

内田　座布団と風呂場の椅子。これがどちらも大失敗。座布団に使ったらパキパキと割れちゃうし、風呂場の椅子に使ったら、湯垢でたちまち見るも無残な色になる。そのあと経営権を引き継いだ人が、加工が容易であるという点に注目して、これをお中元・お歳暮の缶詰を詰め込む梱包材にして大成功した。

釈　梱包材で一挙にメジャーなものへ。

内田　梱包材に使うというアイディアを思いつかなかったので、お祖父ちゃん大失敗でした。

巡礼部　ちょっと間違えましたね。惜しかった。

内田　でも、うちの祖父ちゃんみたいに座布団と風呂場の椅子ぐらいに使っていたら、こんなことにはなっていないわけですよ。

釈　処分まで考えて開発しないといけませんね、新しい物をつくる人は。

巡礼部　自然に分解できるようにしないと。

釈　そうです。自然へと回帰するものでないと。

巡礼部　でも、水の流れがわかりますね。どこにどう行くかが。

釈　海流の具合で、「対馬でゴミとかが漂着しやすい場所」ってあるんでしょうね。

永留　ここもそうです。ものすごく漂着しやすいです。海がちょっと荒れた日とか、強風のあとには、たくさん漂着してきます。

釈 それはどの辺から?

永留 ハングルが書いてあったり中国語であったり。もちろん日本語もあります。先日の台風で、いつもあるような漂着物は山ぎわへ飛ばされてしまった。あそこに立っていたヤクマの塔も、ぜひ見ていただきたかったんですが、全部きれいさっぱりなくなってしまったんです。昔は強風が吹くとすぐ壊れるぐらいの小さな塔だったんですよ。毎年、新しく積むというのが古いやり方だったんですけどね。

釈 それはかなり古代の信仰・祭祀の形態ですね。神道も元はそのやり方。

永留 近年では大きなのをつくるようになって。

釈 対馬の八丁角（郭）にも石積みの塔がありますね。このような宗教行為はそうとう起源が古い。神道が成立するはるか以前からのものでしょう。また神道の源流でもある。対馬でこのことを実感することができました。来てよかった。

巡礼部 「ヤクマ」ってどこからきているんですか?

釈 ほんとですね。

永留 語源がよくわからないんです。

釈 わからないんですか、なんだろう。

永留 行事は農耕儀礼で、畑作物の感謝祭みたいな意味合いが強いですね。畑作物とか海藻なんかを供えて、みんなでお祭りをする。

釈 「クマ」は、「籠る」という意味だったりするんですけどね。それとは違うんでしょうか。また、「クマ」とか「クム」とか、「神」の語源という説もあります。

永留 今は村の男性全員でやっているんですが、以前は厄年を迎えた男性が石を積んで供え物をしました。厄年の「厄」というのと「ヤクマ」が、語源が一緒なのか、旧暦六月の初午（うま）の日というのがマ（馬）に通じるのか、いろんな説があります。

釈 海岸線で石積んで、儀式が終わったら壊れちゃうというのはすごく惹（ひ）かれるなあ。とてもシンプルでプリミティブで。今はもう、石を積む儀式とか、それに関する行事とかはないんですか？

永留 それは毎年あります。

釈 やっぱり毎年積んでおられるんですか。

永留 はい。村の男性が出てやっています。

釈 それはいいなあ。

巡礼部 ここでだけですか、ヤクマ的なものは。

永留 いや、隣の青海（おうみ）でも同じようにやります。和多都美神社のある仁位の里では、大きな川が村のなかで蛇行している所に淵が出来て、ちょっと深みになっています。その一帯がヤクマゴウと呼ばれる聖地になっていて、そこで、六月初午の日にはヤクマの行事をします。お供え物は木坂と同じで「ハタキモン」と呼ばれ、麦などの畑作物とクサビ（ベラ科の魚）を供えます。天道様のある里では、天道と関係してヤクマ行事が行われます。

上県の仁田という所では、ヤクマの日に競馬をやっていたんです。「馬とばせ」って言っていましてね、瀬田のヤクマの「馬とばせ」というのが、対馬島内では有名な行事になっていました。ほかの地域では、夏の川祭り的なところもあったようです。

仏像盗難事件

永留 いよいよ海神神社です。今は海神神社といっていますが、延喜式に出てくる和多都美御子神社は、この神社じゃないかといわれています。上津（かみつ）八幡と呼ばれたのは平安時代末期からで、明治以降に海神神社と名を変えました。一の鳥居の左手には宝物殿があります。二〇一二年に仏像が盗まれたことで全国的にも何度も報道されましたが、あの新羅仏はかつての御神体であったものです。
釈 ここから盗まれたんですか？
永留 はい。
内田 罰当たりなことするねえ。
巡礼部 でも、これだけ人がいなかったら盗み放題ですよ。
永留 そうなんです。ちょうど厳原では万松院まつりがあって、古代山城サミットも行われて

海神神社の一の鳥居。左端にあるのが宝物殿。

いた日で、人目がそちらに集まっているときに盗んだみたいですね。

釈　盗んだ日までわかっているんだ。

永留　その翌日に、古代山城サミットに来ていた人たちがここに見学に来て、盗まれたことがわかった。かなり計画的でした。

内田　悪いやつがいるねえ。

永留　ここにあったのは新羅仏で、新羅の時代につくられた仏像です。重いガラスのケースに入っていたんですけどね、ガラスには赤い塗料もついていたから、多分消火器で叩き破ろうとしたんじゃないか。それでも破れなくて、鍵を壊して盗み出したみたいです。

巡礼部　仏像の行方はわかっているんですか？

永留　ここのは戻ってきました。

巡礼部　どうやって戻ってきたんですか？

永留　盗んだ犯人は比較的早く捕まったんですよ。だけど、もう一体のほうは、それは韓国から倭寇が盗んだもんだから、戻すなと主張する人が出てきて。倭寇の時代にも対馬では平和な貿易を行っていたことを知らない人が、英雄気取りで犯罪を擁護しているみたいです。もちろん理解者もいますから、ここの新羅仏は帰ってきましたが、もう一体はまだ帰ってません。

内田　犯人は何をしようとしたんですか？　仏像をどこかに転売しようとしたんですか？

釈　国粋主義者がやっているわけじゃなくて、ただの泥棒ですから転売目的なのでしょう。平和な貿易の歴史も知らずに偏見で解決しないとは……。

三〇〇段の誘い

巡礼部　すみません、先生。海神神社、階段が三〇〇段程あるんですが……。

内田　昨日の万松院が一〇〇段程でしたよね。

巡礼部　その三倍です。

内田　三倍か。まあ、でも、鳥居のところまでは行きませんか？

釈　鳥居まで行きましょう。

巡礼部　せっかくの聖地ですからね。

（なんとなく階段をのぼり始める）

永留　この三〇〇段の石段はね、大祭の日は神輿（みこし）を担いで下りますし、また上がっていきます。

巡礼部　それは息切れしますよ。普通に担ぐだけでも大変なのにね。

永留　上がっていくときも、途中は絶対止まらないんですよ。一気に駆け上がっていく。若い人が少なくなっているので、かなり厳しいです。

巡礼部　ほんとですよねえ。

釈　おお、でもカッコいい所じゃないですか。

巡礼部　こんなんやったら奥まで行きたくなるな。

釈　行きたくなりますよね。ここ、カッコいいなあ。

内田　いい感じですね。対馬の一ノ宮ですからね。

釈　三〇〇段のぼる値打ちはあるな。

巡礼部　一ノ宮って指定されているんですか？

釈　律令制で指定されたのですが、不明なところもあります。時代で変更されたりする場合も。また、なぜ一ノ宮であるかについても、諸説あります。一般的には格式の序列とされていますが、参拝順序っていう説もあります。

内田　森もいいね。案内板に「千古斧を入れず」って書いてある。

釈　神社の縁起に、八幡について書いてあります。

いよいよ三〇〇段の石段にさしかかる二の鳥居。

内田　「八流」ってありますね。

釈　神功皇后の旗である八流を納めたので八幡。八幡神社の発祥の地である可能性を言及しています。名前も途中で変わってるんですね。

内田　うん、明治になって変えてるみたい。海神神社って、いかにも近代的な名前ですよね、「海神」ってさあ。

永留　明治になって海神と書いて「わたつみ」と読ませた時期もありました。この神社の縁起に神功皇后が出て来るのは江戸時代に入ってからです。一六八六年、宗義真の時代に編さんされた『対州神社誌』には、「勧請の儀相知らず」と書かれています。

釈　できればもうちょっと神功皇后の雰囲気とか残してほしいですね。それにしても、八幡神の源流の一つであるのは間違いないような気もしますね。

内田 ね、これは聖地ですよ。

釈 聖地ですね。

永留 ちょっと離れたとび崎の展望台に行くと、向こうから本殿の屋根が見えます。そして、絶壁の海岸と続く眺めを見ると、ああ、やっぱりここは聖地なんだなというのが一層わかります。後で行ってみましょうね。

内田 みんなやっぱり聖地に惹かれてのぼりはじめてる。

釈 ここは、少し足を踏み入れると、奥へ奥へと行きたくなるムードがありますよ。

内田 ちょっと行きたくなりますね。三〇〇段はのぼらなくてもいいから。

釈 途中までは行きますか。

内田 ちょっと行きましょうか。しかし、先が伊勢神宮（三重県）ですなあ。

釈 （笑）。これは、なかなかの場所だ。

内田 やっぱり行きたくなりますね。

釈 力がありますよ。

巡礼部 さっきからちょっとずつ上のほうが靄（もや）ってたりして、別世界へ着きそう。

釈 ちょっと異界感がある。この先に異界あり。すごい、これ。

巡礼部 これ見ちゃうとのぼりたくなりますよね。

永留 見えないですからね、目的地が。

巡礼部 どんどん行きましょう。

内田 もうちょっとだけ。

釈 もうちょっとだけ行きますか。この求心力こそが聖地の証。強いな。古くからの感じがしますね。

内田 ありますねえ。

釈 古代の聖地か。

内田 古代の聖地ですね。

釈 しかしもう息が上がってきた。

内田 あそこまで。あそこでやめときましょう。

巡礼部 先生、こっち、こっち。

釈 こっち？ はい。

内田 あとちょっとですね。三の鳥居を見たら、ちょっと行かざるをえないなあ。

釈 行きますか。結局行くのか。

巡礼部 引き寄せられる感じ。

内田 うん、ありますね。昨日の一〇〇段よりはのぼりやすいですよね。あ、着いちゃった？ じゃないけど、あれが頂上？ これはもう最後まで行かざるをえないでしょう。

この石段をのぼりきると、やっと海神神社の本殿。

巡礼部 あれですよ。

内田 あれからさらに一〇〇段とかないよね?

巡礼部 ないと思いますよ。

釈 結局行くんだ、みんな(笑)。

巡礼部 見えているからなあ。

釈 見えると行くよね。

巡礼部 さっきは見えないから行けたのに。うまいことできていますね、人の気持ちを裏返す。

内田 そうですね。はじめから目の前に真っ直ぐ三〇〇段あったら上りませんよね。

釈 いやあ、この辺の木の感じもいいぞ。

内田 あと、ちょっと。

巡礼部 先生、がんばれ。しっかり足を上げて。筋トレだと思って。

釈 おう。あ、ここは社殿がいい。

寺院様式の拝殿。能や舞も奉納され、古くは鎌倉時代の面もある。

内田 着きました。上がっちゃいましたね。いやあ、ここは気分のいい所ですね。

釈 はあ、ここはいい神社ですね。いい所です。

巡礼部 あれ、菊の御紋ですか？

釈 菊の御紋ですね、一六弁の。しかしこれ、寺院建築の様式ですよね。習合しているんだな。

内田 でもこちらは神社ですよね、明らかにね。寺院と神社が習合している。

釈 拝殿と本殿かな。くっついて建っているな。こういうスタイルは珍しいですよ。

内田 あ、そうですか。

釈 本殿のほうも屋根つくり替えていますけど、もしかしたらもともと寺院建築じゃないか。木組みや破風なども寺院建築様式。屋根を取り替えて社殿にしたのかも。

地域のいろいろな祭祀が摂社として集められた。

巡礼部 先生、ここの千木、台風で折れたんじゃないですか？　ぶら下がっていますよ。

釈 えー、そうなんですか？　あ、ほんとうだ、根元が残っている。折れたんだ。こっちも折れている。

巡礼部 これはちょっと修理したい感じですね。

内田 ああ、ほんとだ。こっち折れていますね。

永留 このあいだの台風ですね。

釈 懸魚も付いていますね。

巡礼部 懸魚って何でしたっけ？

釈 この上から吊り下がっているやつ。破風の所につけて、棟木の切り口などを隠すための飾りなんですが、火除けや魔除けといった、呪術的意味を内包しています。

内田 さすが、仏像マニア。

釈　マニアって呼ぶのはやめてください（笑）。一応研究者なんですから。

古代の舞

永留　こちらが、対馬では一番大きな舞台です。

内田　これはええですなあ。拝殿で神楽殿なんですね。ここ、能も出来ますね。そこ、橋懸りになっているから、「翁」を舞うときに最適のサイズですよ。

釈　そうなんですか？

内田　橋懸りがあって階があって。

巡礼部　どこで見るんですか？

内田　この辺から見るわけです。

永留　能や舞は鎌倉時代からずっとやっていますからね。古い形の巫女神楽である命婦（みょうぶ）の舞もここで舞われます。起源ははっきりしないのですが、一一世紀の宇佐八幡宮には、すでに命婦職というものがあります。

内田　巫女の舞なんですね。「宮舞」がなまったのかな。

釈　なるほど。宮舞、命婦か。

内田　命婦っていう官名は、確か宮中にあるでしょう。この字を使うんじゃないかな。あ、でも、これがもとだっていうとわかりますよね。

永留　舞のほかに薬の秘法を伝えたりということもあったようです。
釈　女性シャーマンですね。
内田　フランス語で「博識な女（Sage femme）」というやつですね。シャーマンですな。
永留　命婦の舞のほかにも、八幡宮ではいろんな舞をやっていたんです。
釈　ここまでのぼって来て、聖域に入り、目にする女性シャーマンの舞は、さぞやよいものでしょうね。
永留　下の宝物殿には舞で使った面がいろいろあるんですけどね。陵王面とか、正安三年（一三〇一年）の墨書がある火王面、暦応元年（一三三八年）の墨書がある鬼面（鉢巻）もあります。
釈　雅楽の「蘭陵王」をやってたんだな。
永留　陵王面の制作年はわかりませんが、一番古いのは鎌倉時代の年号が入った正安三年ですね。
釈　ここで陵王を舞ったらきれいでしょうねえ。
永留　永留家も舞をやる家だったんです。
内田　え？　永留家が？　どんな舞ですか？
永留　鉾の舞。
巡礼部　鯱と鉾の鉾？

永留　そう。鉾を持って、青い面と、もう一人赤い面を付けて二人で舞うんですね。
内田　それはかなり大陸的ですね。
永留　南北朝の頃から我が家に伝わっている。
内田　南北朝時代から我が家があるという、ちょっと自慢しましたね、今。
永留　ばれましたか（笑）。鉾の舞の別当に任じられていました。いろんな公事とか、雑多な税金とか、そういうのは全部免除するから、舞役に専念せよという判物を、面白いことに宗家からももらっているし、阿比留氏からももらっている。
内田　そうでしたか。今も伝えていらっしゃるんですか？
永留　いえ、祖父の代までで終わりました。
釈　それは残念。

神仏習合ここにあり

永留　ここには江戸時代までは鐘つき堂があって、弥勒堂もありました。
内田　神社に鐘つき堂があるとは、これ如何に。
永留　江戸時代までは神仏習合です。弥勒堂の場所は、ちょっと石段を下った辺なんですよ。
巡礼部　なくなったんですか？
永留　おそらく明治の排仏毀釈で。どこかにあったはずだと探して、平地らしいものがあるのはここしかないということで、ここを発掘したら高麗青磁とか、たくさん出てきました。

釈 韓国が弥勒信仰盛んですからね。こちらに弥勒堂あってもおかしくないですよね。

永留 それで江戸時代まではね、新羅仏も御神体だったんです。

内田 仏像が御神体？

永留 仏像が神像として入って、御神体になったのかもしれません。

内田 たしか李氏朝鮮でもやったでしょう、廃仏毀釈。

釈 日本だと神道復興による仏教ヘイトといった面がありましたけれども、新羅のほうはどうだったのですか？

内田 廃仏毀釈ですよね。

釈 儒教化の影響でしょうか。

永留 朝鮮王朝は儒教を国教にしましたからね。高麗を衰退させたのは仏教だと。

内田 廃仏運動のときに捨てられた仏像を日本にけっこうもらってきてるんですよ。半分焦げた仏像とか。それを日本のお寺がもらってきて、ご本尊にしたりしているらしい。

釈 儒教と仏教はバッティングするんですよ。道教とはバッティングしないんですけど。弥勒堂はそのときに潰したんですか？

永留 そうです、おそらく、廃仏毀釈のときに。

巡礼部 神社の前にお寺があったのかもしれないっていうことですか？ 順番的には。

釈　いや、一緒じゃないですか？

永留　一緒にあるんです。他所では神宮寺とか宮寺と呼ぶところもありました。

巡礼部　同時発生？

釈　そもそも合体した宗教施設をつくったんじゃないですか？　でもここは、神社とかお寺とかいう以前に、もともとの聖地ですよ、きっと。

永留　ここは神にだけ仕える社人がいましたし、延喜式に大社として名を残す和多都美御子神社がここであろうと言われています。

釈　命婦と巫女さんとは別物ですか。

永留　巫女さんが代役を務めることもあるけど、正確には……、命婦は神職ではないという説もあります。そういう仏式につながる感じのもの、あるいは山伏系のものとか、そういうものも中世以来ずっと神仏習合でした。今はこうやって、あれとこれは違うとかなんとか言っているけど、当時はそれが当り前だった。

巡礼部　対馬にも山岳信仰がありますか。

永留　山岳信仰というか、英彦山（ひこさん）系の修験道とか法者と呼ばれる人たちもいた。

釈　八幡神信仰と英彦山の修験道ってくっついているんですよ。

永留　あれはくっついて入ってくるんですか？

釈　はい、密接です。ただここは八幡神の源流の一つなので、あとから英彦山系修験道が加わったかも。

永留 木坂の村の向こう側の、山の麓までは降りないけど、尾根をちょっと越えた辺りに古い墓地があって、そのなかには梅本坊という名の人のお墓もあるんです。梅本坊というのは、江戸時代かなり対馬で影響力を持っていた、山伏系の人を統轄する人。ときには藩主にもお目見えしたりできる立場の人でした。

巡礼部 そのお墓は相当古いんですか？

永留 年号までは入っていなかったと思うんですが、宗氏とともに対馬に来たという伝説もあって、代々梅本坊を名乗ったようです。

釈 修験道にとっても重要な地だったのか。しかし、途切れてしまったのですね。英彦山のほうも、明治の神仏分離で大ダメージをうけました。かつては九州の修験道の一大拠点として、修験道の坊舎が八百ヶ所、三千人の山伏がいたっていいます。

巡礼部 坊舎？

釈 お坊さんたちが暮らす建物です。最近なんですよ、英彦山の実態がわかったのは。もともと「英彦山三千、八百坊」と伝えられていたのですが、ハイテクな測量で本当だったと判明したそうです。

巡礼部 長崎にも英彦山系の小さな彦山がありますが、そこにも多くの坊があったといわれています。だから、本家に三千ぐらいあっても不思議じゃないですね。

釈　でも、現代から考えると、すごい話ですよね。

巡礼部　九州が、そもそも修験道のもとなんですか？

釈　日本各地で発生したのですが、よく知られているのは、奈良県の大峰山や石川県の白山です。中でも、大峰山、英彦山、羽黒山（山形県）が三大修験の山です。

巡礼部　大峰山というのは大阪の南のほうの？

釈　そうです。修験道の開祖とされる役小角（えんのおづの）はもともと南河内や奈良の一族出身ですからね。それで葛城山（大阪・奈良）や大峰山で修行をしたとされています。でも修験道の源流も各地に見られますからね。

巡礼部　そうなんですか。やっぱり同時発生的な感じですか？

釈　もともと各地にあったものが、仏教の影響で整えられた、というところでしょう。

巡礼部　福島に太郎坊山っていう山が近くにあって、一応、鞍馬山と兄弟らしいんですけど。鞍馬山みたいに立派じゃないのに、鞍馬山が次郎坊っていっているから、うち太郎坊やからお兄さんやとかいって。ちょっと当てつけじゃないけど。でも、割と立派なものがあります。

内田　はい、集合写真を撮りましょう。神仏習合写真か、いいなあ。（10頁の上段の写真）じゃあここで、巡礼部の皆さん写真を撮りましょうか〜。

内田　いやあ、いい神社でした。これ、のぼってよかったなあ。

巡礼部 惹かれるものがありましたね。

内田 最初の鳥居の所でね、「カモーン」っていう感じがありましたもんね。さすがに対馬の一ノ宮というだけあって、最古の神社でしょうからね。社領も多分第一でしょうから、最古最大の神社なんじゃないですかね。

巡礼部 そうですね。あの「カモーン」感に誘われました。

対馬海峡遭難者追悼之碑

（バスで移動）

永留 こちら、左に行けば正面に水平線、背には海神神社を望む展望台があります。その前にですね、ちょっと予定変更してこちら側。時間のないときには滅多に来ないんですが、この際ですので珍しい記念碑、対馬にしかない記念碑にご案内します。

（碑の前へ）

永留　これが対馬海峡遭難者の追悼碑です。文字だけ見ればね、そういうこともあるかなと思うんですが、特別な事情もあります。戦後、朝鮮半島の南半分のほう、まだ韓国とは言わず、一九四八年から韓国って言うんですけど、朝鮮人みずから自主的に建国を準備しようという運動が広がると、朝鮮戦争の二、三年前ぐらいから米軍や「当局」から弾圧が始まるんです。その過程で済州島で住民たちの蜂起がありました。

内田　うん、ありましたね。

海峡で殉難した人の慰霊碑。

永留　で、島では完全に住民自治をやってしまいます。済州島は米軍基地がありましたからね、それがどの程度関与しているかはわからないんですが、特に北のほうから共産主義が嫌で逃げてきた人たちの青年組織がありまして、その人たちを島に送りこんできて弾圧が始まりました。その時期に、針金で後ろ手に結ばれた死体というのが、対馬にも相当流れ着いてきたんです。済州島のほうにも、蜂起の指導者なんかはそういうふうにして海に流した、というような記録があったり、人づてにそう語られたり。おそらくその犠牲者じゃないかと思われます。日本にはそういう情報は入らず、対馬では身元不明の扱いで、それぞれの所で丁重に葬られてはいるんですけどね。そういう人も含めた対馬海峡の遭難者の追悼碑ということで、これを建てたんです。

今では完全に名誉回復されて、済州島でも追悼する行事なんかも行われています。その関係者の人が時々、「こういう碑が対馬にあるというのを聞いたけど、どこだろうか」と尋ねて来ます。

内田 永留に聞け、と。

永留 ここにあるよっていうことで案内すると、ものすごく感激されます。

釈 こういう慰霊の碑をつくるのは大切なことですね。今日のお話を聞いてそう思いました。そうやって遥々（はるばる）韓国から尋ねてくる人がいるわけですから。

永留 知る人ぞ知るというか、歴史的な碑です。一昨年は済州島からも来られて、ここで慰霊のチェサ（法事）を行っていました。

釈 そうなんですか。

巡礼部 あ、ソフトバンクがここを海外だと認知している。

巡礼部　私も電波がない。
釈　ソフトバンクしっかりしろ、そんなことでどうする。
内田　対馬は日本じゃないのか。
巡礼部　先生、電波あります？
釈　ありますよ……、あ、ダメだ。ａｕもダメか。
巡礼部　やっぱり。よかった、私だけじゃなくてよかった。私、携帯壊れたのかと思った。
巡礼部　ａｕも圏外ですね。
釈　ａｕもこのあたりは海外と認知（笑）。
内田　そうですか。
釈　韓国の電波のほうを拾ってしまうんですかね。
永留　ええ。向こうの電波が強いんです。
釈　強いのを出しているんですか。
永留　ソフトバンクはここを圏内にしていないから。
釈　ａｕもです。しっかりしろ、ａｕ。
内田　対馬は対象外ですか。ドコモだけかな通じるのは。
巡礼部　ドコモ、ここに立っているから。（碑のすぐ横にドコモの電波塔が設置されている）
内田　おお、ドコモか。

釈　すぐ横じゃないですか。

内田　なんていうものを。こんな所に立てるのかね。ドコモもセンス悪いなあ。

釈　これはこれで、ドコモもしっかりしろ、ですね。

内田　ほんとだ、NTTドコモって書いてあるわ、もう。

永留　私も昔はソフトバンクだったんですけど、韓国が見える所へ来ると、「携帯通じますよ」っていう案内が来るんですよ。で、五秒くらいすると、「これは海外サイトなので別途料金が発生します」っていう案内が来るんですよ。釜山からの電波しか届かない。

とび崎展望台

永留　では電波も呼んでいるし、展望台に行きましょう。ちょっと山道になってます。雨が降ったので滑りやすくなってますから、注意してくださいね。

釈　内田先生、トレッキングシューズでよかったですね。

内田　いやあ、ねえ、ちょっと物々しいとは思ったけれども、これ、ほんとよかったですよ、登山靴で来て。

（しばらく山道を歩いて展望台到着）

釈　これはちょっと残念。靄（もや）で景色が見えない。もし見えたらすごい景色でしょうね、想像するに。

内田　うわあ、これはすごい。

巡礼部　残念。でも、あたり一面真っ白も面白い。

釈　晴れていたら大変な光景でしたよ。

永留　これ、ずっと靄ってますけど、あそこからグルーッと、そこまでは水平線です。

釈　ここ、天と海との接地面が見えるような所ですよね。

永留　海（あま）と天（あま）との。

釈　海（あま）と天（あま）ですね。異界か。あの境目からやって来るんですね、いろいろと。

永留　あそこに屋根が見えているのが海神神社の本殿です。

内田　我々はあそこにのぼったわけですな。

釈　のぼりましたね、始めはその気なかったのに。

永留　こちらの村と神社を見ると、こんな小さな村の、なんでこんな所に一ノ宮があるんだろうと思うけど、その沖は、朝鮮に向き合った海なんです。

巡礼部　国境っていう感じ。

永留　浅茅湾辺りから船出して朝鮮半島に向かうときには、この沖ぐらいから少しずつ斜めに、対馬海流に半分流されながら、半分横切りながら、大体北西に向かって漕いでいくと、真北の釜山辺りに入港できるという位置なんですね。

　晴れているときには必ず見えるとも限らないけど、こちらに巨済島が見えます。釜山の沖にある島です。それがずらーっと、天候しだいで水平線の三分の一ぐらいを占める大きさで見えることがあります。私も数えるぐらいしか見たことないですけどね。でも、そのぐらいの近さではあるんです。

釈　この水平線は、視界に入り切らんな。二四〇度ぐらいかな。

永留　人によっては済州島から対馬が見えたという人もいます。最近、確認したところ、豆酘からは済州島が見えるそうです。

内田　方向はこっちですか、済州島は。

永留　ここからは済州島は見えません。ただ、こちらのほう（北西）に小さな島が見えることはあります。朝鮮南岸の多島海の中の一つの島ですけどね、孤草島という島。それから、向こう（南）に、かすかに浅茅湾の入り口も見えます。今日あちこちで見た、海民たちの拠点でしたね。そこから朝鮮半島へ航海する人たちが、海神神社の沖で「今から、行ってきます」「航海よろしく見守って下さい」、無事に帰ってきたときには、この辺の地形が見えてく

とび崎からの眺め。浅茅湾入口付近はかすむ。

ると「無事に帰り着きましたよ」という、そういう意味があったのかなあっていうことを感じさせる地形ですね。

木坂の村っていうのが、あそこに集落がありますが、人が住むエリアはあの谷だけなんです。海神神社のある辺りには、昔は民家はありませんでした。そして両墓制が行われていて、参り墓はこちらにありますが、埋め墓は山の向こうにありました。

内田 あの山の向こうですか。

永留 だから、「あの世の世界」と「この世の世界」と「神様の世界」と、三つの世界に分かれているというのが、永留久恵のよく言う説明でした。なんとも不思議な魅力の地です。

内田 木坂の地元の人たちは、もともと、すごく景色のいい所がここにあるよっていうことはご存じだったんですか?

永留 ええ、それは、地名からして「とび崎」と言いますから。語源は「遠見崎」あるいは「飛ぶ火崎」(狼煙を上げた)と言われています。

内田 そうなんですか。

永留 いずれにしても、要するに海を見張る所なんですよ。

内田 じゃあ、もう古代から、皆さんあそこで海を見張っていたわけですね。

永留 必要な時は海を見張っていた。いい意味でも悪い意味でも。敵を見張ったり、救助の必要な船を助ける指示をしたり、あるいは自分たちの身内の者が、いつ帰ってくるかと思って見張っていたりとか。

内田 狼煙を上げる台みたいなものは残っていたんですか?

永留 ここには遺跡はないんですけど、狼煙自体は古代からあります。防人を置いた時代から、狼煙で知らせるっていうことが続いていた。

内田 ずーっと伝わっていって、最後は大和までつながっていたんですよね。

釈 そうなんですか?

永留 対馬から大宰府まで、そして大宰府から大和まで。

釈 大宰府から上げた狼煙が大和まで届くんですね。

内田 たぶん、ここからずーっと、対馬のなかをいくつか狼煙が中継され、壱岐に飛んで、壱岐から大宰府に行って、大宰府からも狼煙が瀬戸内海岸に沿って、最後、大和まで。

釈 すごい通信手段だったんですね。

永留 そのときの狼煙の燃料ですけど、それが、狼の糞が一番いいと言われていました。

内田 狼の糞。

永留 それは中央アジアと一緒です。

内田 そういえば「狼火（ろうか）」と書きますね。

永留 そうそう、狼火です。けもの偏の狼火って書きます。

釈 狼火と書いて狼煙。

永留 江戸時代にも対馬では狼煙を上げているんです。通信使の船が来たときとか、狼煙でも知らせるんですよね。そのときの狼煙が、兵法書とか読んでみると、狼の糞（ふん）を使ったという、秘伝みたいな感じで書いてあるんです。古代の狼煙の技術をそのまんま受け継いだ、兵法として受け継いだ流派があったのかなあとか思ったり。その途中は空白だったのか、つながっているのか、ものすごく興味のあるところなんですけどね。

釈 何とか流狼煙術みたいなものもあったんでしょうね。

永留 そうです、それがいつまで遡るのかがわからない。中央アジアでは今でも知識として、狼煙にはオオカミの糞がよいと語らせているそうです。

内田 だって、ねえ、相当、真っ直ぐきれいに昇る煙が出ないと。信号として機能しませんからね。

釈 それって、油分の問題かもしれない。お線香とかお香もですね、いいお香ほど真っ直ぐビューっと一直線に上がるんですよね。悪いやつって散らばっちゃうんですよ。

内田 そうなんだ。さすがにお詳しい。

釈 それは香木の油分の関係だそうです。よいものは、真っ直ぐきれいに上がるうえに、長く持つんです。

永留 じゃあ、狼がいいのも何かそういう。

釈 油分の成分がちょうどいいっていうことかもしれません。

永留 遠くから見やすいとか、真っ直ぐ上がるとか。

内田 色がいいとかね。

巡礼部 対馬に狼はいたんですか?

永留 対馬にはいないです。

内田 いないですか。

永留 ええ。

内田 じゃあ、狼の糞は一体どこから入手したんでしょうね。

永留 対馬の場合は江戸時代には朝鮮貿易か長崎貿易でしょうね。通信使が来たときは、狼煙だけだと、こういう天気のときに遠くが見にくいっていうんで、何パターンも伝達手段を用意していたんです。そんな時期になると猟を禁止にして、鉄砲を持った人間を合図係に遠見番所に配置しているんです。狼煙を上げて、さらに鉄砲を撃つ。

釈 鉄砲を撃って、音でも交信するんですね。

永留 音でもやる。音も聞きにくい場合、雨とか強い風のとき、それに備えて、走る人間もたくさん用意しています。

釈 ずいぶん原始的な。最後は人力ですか。

永留 最後は、それなんです。だけど、これが一番確実ではあったようです。

内田 人力ですか。

釈 しかし、天(あま)と海(あま)の境界線が見たかったですね。境界がぼやけているのも、またよし、ですが。

内田 うん。これだけね、水平線が見える所ってないもんねえ。

永留 森と階段をのぼっていってバーッと広がるっていうのがまた、いいんですよね。想像もしなくて行くから。

釈 でも、私はこれでもまだ〝対馬の本領〟を見ていない感じがするのです。まだ正体と対面していないような……。

永留 まだまだですよ。次は、和多都美神社に行きます。

和多都美神社

（バスから）

永留 もうすぐ和多都美(わたつみ)神社です。目の前に広がるのが浅茅湾(あそうわん)。広がるといっても、奥地ですからちょっと狭いですけどね。

釈 いよいよ和多都美神社か。

巡礼部 あれ、真珠ですか？

永留 ブイがたくさん浮かんでいるのは真珠の筏です。以前は大きな孟宗竹を筏にして浮かべていたんですが、今はプラスチックの丸いブイになっています。浅茅湾の北側の奥地みたいな所で、干満の差が大きいので、古代から真珠の産地だったんです。この辺りは仁位(にい)というんですが、真珠の玉を意味する「瓊(に)」からきているようです。それが例の「漢字二文字」のお達しで仁位になったのではないかというわけです。

巡礼部 「瓊」は瓊瓊杵尊(ににぎのみこと)の「瓊」ですか？「たま」って読みますよね。

永留 そうです。あの「瓊」という字が難しいから、説明しにくいんですけど。

磯良

（バス下車）

釈　おお、このロケーション。ここだな。

内田　聖地に来ましたな。これはすごいね。

釈　これは……。入り江の奥に海と陸がつながっていて、そのまま神社になっている。渡来神を祀る典型だし、神道の原型だな。ここは超カッコいい。あっ、磯良（いそら）だ。これだよ。神道というのは、こういう隅っこのほうにいいのがあるんだ。テンション上がるなあ。この石です、鱗状の石。

永留　私が高校生の頃までは、この三本鳥居じゃなくて、四方に竹を立てて、しめ縄を張ってました。

釈　それがもともとの形でしょう。

永留　よく、「これは昔からこうなんですか?」って聞かれるので、「いや、竹を四本立てて結界をつくってました」と言うんだけど。

釈　竹を四本差してしめ縄張るほうがずっといいな、個人的には。

内田　それを誰かが。

巡礼部　いわくありげな。

内田 いわくありげなものにしたわけですね。

永留 これが「イソラエビス」ですね。安曇磯良（いそら）というのは志賀島の安曇（あづみ）氏の祖先で、神功皇后伝説に登場します。碇（いかり）が海底にひっかかったとき、呼びだされて碇をはずすんです。海の神様であるのには間違いないですね。

巡礼部 地元の神様？

永留 そう、天津神（あまつかみ）じゃなくて国津神（くにつかみ）ですね。対馬では磯良を祀った所はたくさんあります。天照大神の弟スサノオノ命（ミコト）の子が磯（イソ）タケルなんですが、名前が似ているせいか、混乱している所もあります。

釈 恵比寿と習合しているんですね？

永留 はい。

釈 漂泊して流れ着いた神、芸能に関する神、そのあたりが習合するポイントなんでしょうね。

内田 磯良って異形の神様なの？ この岩もゴッゴツしてて、怪しげですね。

釈 異形の神ですね。顔にびっしりと牡蠣（カキ）が。

内田 顔に牡蠣？

釈 大変醜い容貌だとされています。

永留 海の中にずっと住んでいるから、顔にも牡蠣がはりついて、それで人前に出るのを嫌が

海から鳥居が連なっている。

入り江に沿った参道の脇には三本鳥居がある。

るんです。

釈 体中に鱗があって。

内田 顔にフジツボとかついていると『パイレーツ・オブ・カリビアン』の怪物みたいですね。『アマゾンの半魚人』かな。そんな感じ？

釈 そんな感じです。そんな磯良を呼び出すために、神楽をするんですよ、神功皇后が。その気にさせて呼び出すんです。ものすごい力の強い神だけど、醜いので隠れて出てこない。それを神楽で呼び出すのです。

内田 磯良の力を使って、碇をはずす。そういう、割とモンスターなんだね。

永留 怪力でもあるし、その怪力というのも、ただの力じゃなくて神様の力ですね。

巡礼部 これはもともとここにある岩なんですか？

永留 もともとここにあります。割れ目についても地質学者が調査したけど、これは天然のものだと。

内田 誰か無理やりつくったわけじゃないんだ。

釈 もともと、あの鱗のような姿になっているんですね。

永留 はい。人が加工したんじゃないです。それが豊玉姫の本来の姿（ワニ）を思わせる。

内田 ここまで海が入ってくるんですか？

永留 そうです、この辺まで潮が来ます。今はかなり干潮ですが、満潮のときには完全に水の

干潮で周囲の海底も現れたイソラエビス。

漂流物が打ち寄せられたが、左側のヒビ割れが見える。

中に隠れています。

釈　これが海没したらカッコいいね。

巡礼部　カッコいいですね。

釈　しかも潮の跡はここだけじゃなくて、かなり境内の中まで続いているよ。

永留　昔は大潮のときなんかは、ヒタヒタのときもありました。今は道路になってる所が元はずっと岩場で、手前の川を海水が逆流するので、もっと雰囲気がありました。海水に囲まれた社殿は厳島神社もありますけど、ここは天然のまんま、満潮になると、あそこの社殿まで海水に囲まれるんです。

　私が子供の頃はね、毎日のようにここに泳ぎに来てました。観光客なんて誰もいなかったです。泳ぎにくる人も四、五人いれば多いほう。だから好き勝手に泳いでいて、鳥居の辺りは満潮の頃がね、遊ぶのにちょうどいいんですよ。

釈　あそこまで海水が入ってきて。永留少年がザブザブ遊んでいたと。

内田　ええですなあ。満潮のときに来たかったですね。

釈　ここはもう、紛れもなく聖地。

永留　じゃあ、社殿のほうへ行きましょうか。

巡礼部　あ、土俵だ。昔からあるんですか？

永留　大体どこの神社も土俵がありますね、結構あったんじゃないかな。

釈　イソラエビスにちなんだ神社ですからね。力強そう、踊りそう。

永留　磯良ではないですが、九月の大祭では、命婦の舞がここでもあります。舟グローという、船の競争もやります。長い船で櫓を漕いで。

釈　速そうですね。

永留　氏子は漁師さんが多いです。この近隣だけでなく、遠くからも漁村の人たちが、大祭のときにはみんな船でやって来るんです。あれもまた壮観です。

巡礼部　見たいなあ。

釈　船で神社に集合。いいねえ。

永留　大漁旗をなびかせて集って来るのが、すごくいいです。

釈　何隻もの船がダーッとここに着くと、祝祭感がすごいでしょうね。

永留　ほんと、海神を実感します。

豊玉姫の墓？　古い磐座

釈　ここには豊玉姫のお墓もあるんですね。

永留　現地に行ってみましょう。彦火火出見尊（ひこほほでみのみこと）というのがいわゆる山幸彦ですね。その人が、釣り針をさがしにやってきて、豊玉姫と結ばれ、二人の間に子供が産まれます。その子供を渚に置いて、豊玉姫は海宮に戻ってしまいます。豊玉姫はそれでもやっぱり子供が心配になる、山幸彦に対する愛情もある。そこで、妹の玉依姫（たまよりひめ）を乳母代わりに送るんですね。子供の面倒を見てやってくれと。その玉依姫と、彦火火出見尊の子供の鵜草葺不合命（うがやふきあえずのみこと）、この二柱の神様が結ばれて産まれた子供がカムヤマトイワレビコ。神武天皇です。初代天皇。

内田 山幸彦は神武天皇のおじいさんにあたっていたんですか。

釈 はい。

内田 海幸彦のほうが大伯父。

永留 この本殿の裏です。

内田 ここまで海が来るのか。そしてこんな太古の森が。

釈 これはいい森ですね。これが磐座（いわくら）ですか。

永留 この磐座がもともとの神を祀る中心だったと思います。それが神社信仰ということになったときに、社殿はあちらにつくったのでしょう。

釈 そうですよね。ここがもともとの神の座でしょう。すごくしっくりきます。

永留 今は豊玉姫の墓と書いてありますけど……。

釈 豊玉姫の墓と称しているものの、本来はこの入り江・この森における磐座ですね。ここが最も聖なるポイント。

内田 長崎にもありましたね。

釈 ありましたか？

入り江の最深部にある本殿の、さらに奥の森の中に磐座はある。

内田　最初に行ったのが磐座でしたでしょ。墓地の上に。

釈　ああ、墓地の上にありましたね。熊野もこんな感じのとこありましたよね。

内田　そうでしたね。

釈　本殿はあっちですけど、海からやって来たら、神はまずここに着地するでしょう。やっぱり原形のほうが力ありますね。

永留　対馬の式内社二九座のうち、上県に大社が二つあって、それが和多都美神社と、同じく和多都美御子神社。江戸時代は諸説ありましたが、今は全国の神話研究者も、このロケーションを見て、ここが神話の海宮の地だと納得するようです。これはもう考古学的に見ても墓なんかではありません。

釈　墓ではなくて、古代からの神の座。

永留　おっしゃるように、昔からの磐座がこの場所だったと思います。

釈　拝殿とか本殿よりずっとこっちのほうが力強いですね。

永留　はい。森も鬱蒼と茂ってね、潮水が向うの川に上がってきます。この岩の現れ方なんかも、いかにもね、神様がいそうな。

釈　いい森ですね、先生。

内田　いいですね、ここはねえ。ここは聖地ですね。

本殿を背にして沖に連なる海中鳥居を眺める。

海の中の鳥居

（浜に降りる）

内田 さっきより引きましたね。

永留 引き潮になると、ふだんは海水につかっている鳥居の基壇の底まで姿を現します。

内田 これは海藻なのかな？

巡礼部 潮に耐えられる草なんですね。

内田 不思議な。

永留 わからないですけど、満潮のときには完全に海水の中ですね。

内田 まさにここが海と陸の境界線ですね。

釈 境界です。そして、インターフェースですね。異なる存在が入り込んでいます。潮がグルッと取り囲んじゃうっていうんですから。

内田 聖地は大体この世とあの世の境界線上

にあるんです。海と陸の境界は「さき」と呼ばれるんだと中沢新一さんの『アースダイバー』に書いてありました。崎も坂も堺も、地名に「さ」が付く所というのは、この世とあの世の境界なんだそうです。

釈　中沢新一理論の「坂」とか「崎」とかの境界性ですね。今日は「崎」のほうです。

内田　今は海岸線が遠ざかって、海なんか見えないような町中でも、古い岬の突端だった地には今も神社仏閣、病院、大学、墓場、そしてラブホテルがあるのです。

巡礼部　大学もですか？

内田　大学、そうですよ。大学は大体「さき」にあるんです。大学も現世と異界の「あわい」に立つのが本務ですから。

巡礼部　神戸女学院も。

内田　あそこは岡田山というんですけれど、縄文海進期のときは、今の正門の辺りは海です。岬の突端に岡田神社が突き出していた。ご存じの通り、キャンパスのとっつきに岡田神社ってありますけれど、あれは延喜式内社ですからね。一〇世紀からあったんです。

釈　海に面したインターフェースは、昔も今も特別な場所なんですね。

内田　ここは聖地の条件がきちんと整っておりますね。我々が見てきた中でも屈指の聖地ですね。

釈　はい、屈指の聖地です。我々どこかに海民への憧れがあるもんですから、海民の聖地に関してはいつも高く評価してしまいがちですが。

内田　そうですね。ちょっとバイアスかかってますね。
釈　コンプレックスになっているんですよね。複合心性になってしまいます。

リアルな神話

釈　しかし、ここに来たら、日本神話をリアルに実感できますね。
内田　ええ、しますね。
釈　海幸山幸の神話にしても。
内田　本で読むと別にリアリティーないけど、ここに来るとリアルですね。
釈　ここに来るとリアル。つまり大和朝廷の神話は、ここを通ってやって来た人達によるものだったんだろうなと実感します。『古事記』や『日本書紀』の語る世界がとてもよく見えてくる。やっぱりここが大きく関わっていますね。
永留　まさに海宮伝説の発祥の舞台としてふさわしい所だと思うんです。
釈　海幸と山幸の伝説は、最後、山幸のほうが覇権を取ることになるんですけれども。
永留　そうですね。
釈　海民系の人たちが内陸部に住む人たちに支配されることの比喩になっているんでしょうか。
永留　うーん、後のヤマトの勢力が山の民だけでなく、海の民も味方につけていった？

釈　熊野でも同様のお話を聞きました。

永留　豊玉姫が有名ですけど、豊玉姫のお父さんというか、父神にあたる豊玉彦が重要なんですね。豊玉彦は「大海神」といわれて、海神の中のトップというふうにいわれます。だから、山幸彦は潮満珠（しおみつたま）と潮干珠（しおひるたま）を大海神からもらうわけですが、大海神だからそういうのをあげることができたんです。豊玉姫だと、そこまでの権限というか力はないですから。

釈　そうか、あの話は山の人たちが海神を味方につけるというところがポイントなんですね。

永留　そうなんです。

内田　満潮のときに来たかったなあ。イソラエビスが水に没しているところを見たかったなあ。

釈　潮満珠（しおみつたま）があればよかったんですが……。いやしかし、素晴らしい所でした。巡礼部の皆さんも生き返ったようになりました。

（宿へ向かうバスの中）

釈　今日は海民関係の聖地を回りまして、大変に充実しておりましたが、対馬の本性は次あたりで直面しますよ、きっと。

内田　え、まだ？

釈　そんな気がするんです。まだね、まだ本性に近づけていない。

内田　あ、そうですか。なんか海神神社と和多都美神社で割と。

釈　えっ？　内田先生はもう見ました？　対馬の本性を。

内田　ええ、海神神社と和多都美神社、そして個人的には昨日の多田小路ですっかり満足。見るべきものは見つ、と。でも、明日は何があるんでしょうか。

永留　今日は上島のほうでしたけど、明日は下島の南の方を巡ります。豆酘（つつ）の多久頭魂（たくずだま）神社なんかに行きますね。

釈　多久頭魂神社、個人的には大変期待しております。

内田　あ、天道信仰ですか。

釈　そうなんです！　天道信仰、見たいです。

永留　豆酘全体が天道の聖地の集積地みたいな所ですが、社殿そのものは、あんまり変哲がないですね。

釈　そ、そうなんですか!?　いやいや、そんなはずはない。勝手に思い入れが高まっている。

巡礼部　見ないと逆に妄想が大きくなって。

釈　そうそう。

永留　上県（かみあがた）の佐護にはまた別の天神多久頭魂神社というのがあるんですが、ここなんて拝殿もない。神殿もない。

内田 何にもないんですか。

永留 拝む先の山そのものが御神体です。

内田 山が御神体ですか。

釈 三輪と同じですよね。三輪は立派な拝殿がありますけれども、山が御神体。

永留 三輪もそうですが、神殿も拝殿もない神社というのが、もしかしたら古来の神社の原形だったかもしれないです。

釈 そうですね。じゃあ明日は今日よりさらに古層へとダイブしましょう。

講話と対談——宿にて

融合の神話

内田 いかがでしたか、今日。

釈 昨日もお話ししたのですが、さらに「思っていたより日本」でした。

内田 ええ。さらに異国情緒なしでしたね。

釈 こうなると、そもそも日本人って一体何を指すのかっていうことまで考えてしまいます。古モンゴロイドと新モンゴロイドとの混血が進んで……ということなんですが、新モンゴロイドっていっても結構いろいろあって、いわゆる倭人以外にも、南方海洋民であるマレーとかフィリピンとかあの辺りから来たのもある。

内田 福建とか。

釈 ああ、そうなんです。中国南部からも入り込む。一方、北方の内陸部からもやって来ます。北方騎馬民族も来たんじゃないか。遠くはバイカル湖あたりからも。そうやっていろいろ入り込むなかで、国を作る上で柱となった神話が、どうもこの辺りに源がある。今まで『古事記』とか『日本書紀』とか読んでもピンとこなかったんですけど、ここに来るとその語りが聞こえてくる。

内田 そうですね。

釈 国生みのときに、この対馬とか壱岐とかが出てきますけど、なんで対馬とか壱岐とかが本州よりも先に出てくるのかと思っていました。

内田 うん。

釈 比較すれば、対馬と壱岐ってとても小さい存在のようなイメージだったんですけれども、ここに来るとイメージが違ってきました。

内田 大きさじゃなくて、流れがここから始まって、ここを経由して九州に渡り、そこから瀬戸内海経由で淡路島や畿内に至る。

釈 それが国生みの話なのかというイメージが。

内田 そうですね。神話って完成したソリッドな物語ではなくて、伝播していく過程で、支配的な話型が研ぎ出されていった。そして、なかなか納まりがいい話型が選択されて落ち着いてゆくんでしょうね、きっと。

釈 記紀神話で注目したいのが、造化三神です。三柱の神から始まる。そのあと二柱の神が加わり、五つの柱となります。やっぱり融合でできてきているんですよね。

内田 そうでしょう。

釈 一つの原理でできているんじゃない。移動をしながら神話もできていく。とても臨床的な神話。

内田 そう、まさに臨床的に形成されていったというんでしょう。ダイナミックなプロセスなんですよ。だから、神社の祭神たちもだんだん数が増えてゆく。

釈 はい、そうでした。

内田 明治時代の神社の統廃合という政治的な背景もあるのかもしれないけど、その前段として、「神社は統廃合が可能である」ということが集団的に合意されていないと統廃合という政策そのものが着想されないはずなんですよ。あちこちから祭神を勧請して、それがだんだん増えていっても、同じ境内の中に小さい祠がいくらあっても、別にそれはその聖域の宗教的な機能を損なわないということについての合意がないと、統廃合そのものが成立しなかったと思うんです。

釈 今日、海幸山幸の話が出ましたけれど、けっして単純に、「海民系の人と内陸部系の人とのバッティングがあり、内陸部系の人が海民系を支配した話」ではないんですね。やっぱり融合なんですよね。

内田 そうですね。

釈 内陸部系の人が豊玉姫と仲良くなって、そして、父親に力を借りて支配する。山人系と海人系の混在であり、折り合いである。さらには、問題先送りや棚上げの知恵でもある。

内田　「まれびと」である男がある日やってきて、そこのお姫様と知り合って、お姫様のお父さんの力を借りてなんとかするっていう話は神話の中にいくらでもあるでしょう。スサノオの出雲の神話もそうでしょう。

釈　出雲もそうでした。やはり折り合いのメタファーなんでしょう。

内田　実際にそういう感じのことがあったと思うんですよ。「まれびと」が遠い土地から流れ着く。やせ衰えて、「お腹空いた。なんか食わして」みたいな感じでたどり着く。こちらの人たちもそれを歓待して、長の娘が看病したり、ご飯を食べさせたりしてあげるんだけれど、言葉も通じない。でも、いつの間にか二人は懇ろになってしまう。困ったお父さんが「しょうがないな」と一緒にさせることにする。で、この客人の男が共同体に受け入れられるように、それなりの「功績」を上げるように支援する。

異族同士が出会ったときに、ふつうは殺し合うか、奴隷化するとか、そういう対立的なことになるんだけれど、日本列島では、とにかく男と女の関係にしちゃって、婚姻によって二つの部族の血を混血させてしまうというソリューションが選好された。他者とのそういう「あいまいな共生」が、列島原住民たちが採用した生存戦略だったんじゃないかな。それが神話に採用された。

釈　あ、なるほど。それが一つのモデルとなって、こうやって混在していくんだっていう、一つの原理になっていくんですかね。

内田　前に中沢新一さんと対談したときに、そういうデタラメ人類学を思いついたんですよ。

釈　デタラメって宣言してしまってもいいんですか。

内田　いや、そのとき、ぱっと思いついた話なんですよ。そのときに『伊勢物語』の主人公である「在原業平」というのは固有名を持った人間じゃなくて、男女がぐちゃぐちゃっとなって異文化間の対立を解消するという共生戦略そのものの名前なんじゃないかという話になったんです。業平って、都から下って、あちこちの地方を旅して、行く先々で女の子とすぐ仲良くなっちゃって、すぐめんどくさいことになってしまうでしょ。でも、先方の親たちもかわいい娘が惚れた相手だから邪険にもできず、しぶしぶ受け入れてしまう。そのうち子供が生まれる。その時点で二つの集団の正系を受け継ぐ次世代が登場して、その子供の存在そのものが異族対立を解消してしまう。

釈　ああ、なるほど。

内田　業平というのは単独の人物の名前じゃなくて、そういうような共生戦略そのものを呼んだ名称のことではないか、と。その前段として、見ず知らずの「まれびと」がやってきたら、基本的には歓待する。こちらの女性は「まれびと」に恋をする。それが義務づけられていた、と。

釈　〝やって来るもの〟に対する憧憬と畏怖の相反する感情って、人間にはありますよね。ところで、今日も排仏毀釈や神仏分離の話が出たでしょう。対馬を巡って、あらためて「日本の宗教は神道で、仏教は外来の宗教だ」などといった捉え方がいかに見識がせまいかっていうのがよくわかりました。神道もかなり外来ですから。

内田 そうですよ。

釈 神道の神の大半は、外来の神です。昨日、金比羅宮がありましたけど、金比羅はクンビーラで、もともとインドの神様です。恵比寿や八幡神も、海からやって来たものでしょう。やって来た神を歓待する。もてなす。そしてまた帰っていただく。あるいは、神が常駐する。

内田 似たものは世界のどこかにあるかも知れませんけれど、「まれびと」を歓待して、混血することで異族との共生をはかるというのは一つの合理的な生存戦略だったと思いますよ。

釈 今日、和多都美神社に行って、そのように感じました。また、海幸山幸の神話で、海幸のほうが最後には負けるんですけれども、海幸は芸能で山幸を楽しませるでしょう。顔を赤く塗って、溺れる人の真似をして。演劇の技を使う。

内田 裸になって。

釈 はい。それを「わざおぎ」と呼びます。「俳優」と書いて「わざおぎ」って読む。わざおぎっていうのは、招（お）ぐ技ですよね。「おぐ」というのは「招（まね）く」です。

内田　そうなんですか。

釈　神を招く技なんですね。芸能の技法でもあり、宗教行為でもある。

内田　なるほどねえ。

釈　芸能民であり宗教者でもある。

内田　女性がアメノウズメノミコトで、男が海幸彦っていう。

釈　はい。

内田　宮田登先生が大好きな、海民が芸能者であるという説ですな。

対馬の芸能

釈　対馬の芸能について教えていただけますか。

永留　盆狂言とかはありますね、盆のときに。

釈　お盆の時期にやる狂言なんですか。

永留　盆踊りとも言えますが、輪を描いてみんなで踊る一般的なのとは違っていて、狂言めいた芸能的な要素のものもある。その集落内の祭祀の中心になっている所で、それはお寺の場合も神社の場合もあるんですけど、そこで踊りをやるんです。それをまた、何かがお祀りされている祠の前とか、墓地とか、初盆を迎えた家の前でもやる。いろんな踊りがあるんですが、狂言みたいなものをする地域もあります。

内田 狂言って、あの能、狂言の狂言？

永留 はい。神様に奉納するものと別に、村の娯楽みたいにストーリーを持ったものを。

内田 それを地元の人たちがやるんですか。

永留 ええ。仮面をつけてやるような舞は、専門の楽人っていうのが京都から招かれたり、あるいは神社で抱えていたりとかするけど、それとは別に、村人が自分たちでやります。ただし、盆踊りをするのは、江戸時代には農村の本戸の長男に限られていました。そういうのを稽古する余裕があるのは本戸の長男しかいなかったんです。

釈 余裕がないと、伝統的な芸能もできないっていうことですね。

永留 そうです。働いて生きるのが精一杯。そして武士の子供も参加できないんですよ。今は昔ながらの作法でやるところもありますが、それじゃあ人が集まらないから、「本戸の長男」とか言わずに幅広い参加でやったりしています。

対照的な聖地

釈 巡礼部の皆さん、何かご意見やご質問等がありましたらどうぞ。

巡礼部 そうですね、海神神社と、磐座があった和多都美神社。

釈 やっぱりその二社が気になりますか。

巡礼部 対照的というか、和多都美のほうはプリミティブな、海と裏の磐座の二つの装置によってできたもので、海神神社なんかは、やはり一ノ宮になっているので、少し権力が入ってるというかですね。

釈　権威的なものを感じたのでしょうか。

巡礼部　長い石段があって上に平地がバーンとあって、大きな社殿も入っているというのが、すごく対比的で面白かったです。

内田　人工的というのは、人間の手が入っているっていうことですね。

釈　そうですね。仏教も入り込んでいますしね。

永留　というより、和多都美の海宮が海の中にあるのに対して、山幸彦と御子神は地上の別天地または異国への広がりを持つイメージでしょうか。

巡礼部　それぞれに、やはり場の持つ力とか、つくり込んだなかの装置として、宗教系の場になっているというのを感じました。面白かったです。

巡礼部　私も、海神神社でしたっけ、あそこの高床式みたいな奥の殿を見て、あれが出雲大社とか伊勢神宮で見かけるつくりと似ているなっていうのがすごく印象的で、どっちが先だったのかなあみたいな気がしました。どうなんでしょうか。

永留　対馬の神社建築は本土の通念とは共通するものと、異なるものとがあるようです。

釈　社殿の形式も和多都美神社と海神神社とではかなり違うものでしたね。

巡礼部　全然違いましたね。ほんとうに対比的やなと思いました。

巡礼部　ビビビッと来たのは、海神神社の、あの階段を上がっていったのはすさまじかったですね。

釈　あの上がるプロセスがいいんですね。プロセスが重要。

内田　全部は見せないとか。行かないことを前提にしてたのに、僕たち、誘われるようにあそこまで行っちゃったものね。

釈　我々、本殿まで行く気はなかったのですが、近づくと吸い寄せられて。あれを聖地の力というべきでしょうか。

内田　聖地の力を感じましたね。

巡礼部　聖地の力でいうと、あの和多都美のあの奥、磐座の所は。

釈　裏の森は素晴らしかったですね。

巡礼部　あれは素晴らしかったですね。

内田　和多都美の森はすごかったね。

釈　和多都美神社の本体は裏の森だと思いました。

永留　そうですね、やっぱり神様を感じさせる神社ですね、二つとも。

政治と宗教

釈　中央政府の様式が入り込むと、かえってその土地の力をダメにしているような気もしますね。

内田　政治が絡むと聖地は力を失います。でも、延喜式から延々とやっているわけだよね。千年以上前から政治は宗教に介入している。

釈　そういうことですね。

内田　政治が宗教を格付けする。そんなのよけいなお世話だと思うんだよ。そんなことは信仰する人たちに任せておけばいいのに。聖地に求心力があれば栄えるし、なければ消えていくだけなんだから。

釈　古代の国家では、政治的に支配が及ぶだけじゃなくて、宗教的にもグッと抑えを利かせないとダメなんでしょうね。宗教的にも中央集権化を進めないことには、国として機能しない。

内田　いや、近代国家でもそうですよ。

釈　近代国家でも同じですか。

内田　同じです。

釈　やっぱり近代国家でも、宗教的に統一しないとダメなものなんですか。

内田 そりゃそうですよ、やっぱり、それは国家の正統性を基礎づけるコスモロジカルな物語がないと。無神論の国だって、必ずそういう道徳的な無謬性を担保する「崇敬の対象」を作らずにはいられないでしょう。スターリンだって毛沢東だってヒトラーだってみんな個人崇拝の対象になって、神格化された。

釈 ああ、なるほど。よく「共産主義は宗教だ。マルクスの著作が聖書だ」などと言いますけど、構造的には同じなんですね。

内田 昔、天安門の前で行進するとき毛沢東がいたり朱徳がいたりして、後ろのほうにレーニンとかマルクスとかエンゲルスの写真も一緒に行進してたじゃないですか。あれは中国共産党の境内に、ご祭神としてマルクスやレーニンを勧請しているんですよ。

釈 そういえば、やってますね、写真を掲げて行進。

内田 毛沢東神社に合祀しちゃうの。毛沢東神社の神格を高めるために、いろいろと有名で霊験あらたかなご祭神を勧請してくる。

釈 有名どころを勧請か、そうか。ある種のパレードやデモ行進は、ハレの営みなんですね。

内田 同じですよ、マインドは。宗教を否定した国家では、それを政治指導者の個人崇拝で代用する。

釈 結局、人間は何かの信仰を基盤に社会を運営しているんですね。

内田 戦没者の慰霊もそうですよ。無宗教の追悼施設を建てたって、そんなのでは問題は解決しません。

釈 解決しないんですよ。中途半端に宗教性が削がれた変な施設ができるだけで。

永留 靖国神社も、もともと招魂社から始まったんですよね。

釈 そうです。

永留 長州には櫻山招魂社がありましたね。靖国より早くから。奇兵隊の兵士の墓碑が身分の隔てなく並んでいた。招魂社として、そういう一切政治色のないのを維持するのもいいかもしれないですね。

釈 削ぐべきは宗教性ではなく政治色だということですね。靖国神社の問題も、神社自身がそういう方向へと歩みを進めない限りは、周りがいくらアイディア出しても無理だと思います。

村上春樹という宗教

内田 全然関係ないんですけどね、このあいだ、例によって村上春樹、ノーベル賞受賞お祝い原稿を書いたんです。

釈 はい、毎年恒例のお仕事ですね。

内田 毎年恒例の。一二回目の。

す。

釈　私は、内田先生のツイートで「ああ、そろそろ例の時期か」と気づかされていま

内田　それで、記者の人とちょっと近況について話すんですけれど、最近の特徴は、村上春樹の人気が高いのが、ロシアと中国だということ。旧社会主義国で人気が高い。社会主義への期待がついえたけれど、かといって、それに代理するような宗教的権威がまだ登場していない。宗教に対しては政治的干渉もある。ロシアでも、ロシア正教が出てきたし、中国では、道教や仏教が復権してきたというような動きはあるんです。でも、まだ表通りに大手を振って出て来たわけじゃない。そういう社会において、村上春樹って一種の代理宗教なんですよ。たぶんそうだと思うんです。だって、村上春樹って、現代作家の中で、世界中を見渡しても、最も宗教的な作家だから。

村上作品って、全編ことごとくこの世と異界の間を人間が行き来して、たいせつなものを守るという話なんですから。境界線の向こうから到来するものは誰なのか、境界線を守るのは誰なのか、それはどういう仕事なのか、境界線を越えて行き来するものはどういうマナーを守らなければならないのか、そういったことが集中的に書かれている。非常にプリミティブな、原理的な宗教の物語なんです。だから、非宗教的な社会、宗教について公然と語ることに抑制がかかっている社会で、人々は文学作品を迂回をして、宗教的なものに触れようとしているのではないか、という話を新聞に書いたんですけれ

ど、掲載するに至りませんでした。

釈 それは残念。でもここでしゃべってしまいましたね（笑）。

巡礼部 しゃべってしまった。ほんとうに、でも、取らないですねえ。

釈 平和賞とか文学賞は、政治的思惑で受賞させている状況になってきましたね。

内田 文学賞はその作家がどこの国の人で、何語で書いているのかということとは関係ないはずなんですよ。作品単体の力で評価すべきだと思うんだけど。日本語話者は一億ちょっとだから、マイナー言語ですよ。

釈 日本人はマイノリティでしょうか。

内田 マイノリティと言うにはちょっと多いかも知れませんけれど。でも、ぼちぼちもらっていいような気がしますけどね。

釈 いずれ、みんなが期待しなくなった頃に。

巡礼部 忘れた頃に。

内田 「もう村上春樹の目はないよ」とかみんな言い出した頃にポッともらうんじゃないんですか。

まほろばの対馬

巡礼部 さっき、釈先生がおっしゃっていた、源流が対馬にあるっていう話は、もうちょっと考えるといろいろつながって出てきそうだなって。

内田 そうそう、対馬が日本の源流。対馬は大和のまほろば。

釈 大和王権の主旋律となった神話の多くは、対馬経由で発生したんじゃないか。そんな印象を受けました。

内田 神話はここから日本列島に広まった。そういうスキームのほうが説得力あるね。

永留 神話でいうと、スサノオノミコトが新羅に行ったという伝説はありますよね。

釈 ありますね。

永留 対馬から出雲に行ったっていう伝説もあります。対馬の北部から日本海側に漂流すると出雲のあたりに流れるんです。そういう背景があるのか、対馬でスサノオノミコトを祀っている神社というのが、北部に多い気がします。

釈 ああ、そうなんですか。新羅に向かって出て行って、出雲に流れ着く。海流の関係で。

永留 だから、あながち新羅に行って帰ったというのも、そう言わせるだけの素材があったのかなと妄想しないでもないですけどね。

釈 そうなると、対馬・出雲ラインも気になりますね。また、今日、強く感じたのですが、大和族が九州から遡上して近畿地方に入ったけどうまくいかずに、今度は紀伊半島から内陸部へと入り直しますでしょう。

内田　熊野からね。

釈　熊野の部族力を借りて奈良盆地に入り込んで王朝をつくる。そのあたりの〝語り〟がここに来るとなんだかリアルになる。これは、旧約聖書の神話がイスラエルに行くとすごくリアルに感じるのと同じような気分です。考えてみたら、パレスチナ地方の一民族の神話が、キリスト教の展開によって世界中で共有されることになったわけです。我々が日本人の神話として共有しているのも、いくつかある部族の一つの神話だったのでしょう。ここに来ると、そのことを実感する。世界中どこにでも太陽信仰はあるものの、アマテラスの神話はやはり対馬の風土と無関係ではなさそう、そんな気がしました。海幸彦と山幸彦の話も、ここに来ると質感を感じる。大和族がもたらした神話をベースに生まれた神道、その源流を見たように思ったのです。

永留　それはやっぱり、海民なんでしょうね。

釈　そうだと思います。

永留　和多都美にしても、薩摩のほうにも通じるものがあるし、そういう海民というか、九州各地のですね、海に生きる人たち、そういうものが統合されていった過程もあるんじゃないかと思います。そのなかには薩摩のものもあれば対馬のものもあるし、あるいは、福岡の志賀島とか。

釈　ああ、そうか。そうですね。対馬だけを見ているとわからないことも、他の島を巡ると見えてくるのもあるでしょう。それに北方の内陸の部族もからんでくるし。

永留 そういうのはあるでしょうね。縄文文化の社会に弥生文化や水稲耕作というのが伝わってきて、日本全体にずっと広がっていく。

釈 水稲耕作がもたらしたものは大きいからなあ。

永留 金属器なんかもずっと広がっていく。そういうものと、神話とか、民俗的要素が、どこまで合致するか確認するのは、非常に難しい宿題なんですけどね、意識そのものが形で残らないから。

釈 そうですね。我々はそういったエビデンスはあんまり気にせず思いつくままにしゃべっています。すみません。エビデンスに基づく語りは永留さんにお願いします。

内田 朝鮮のほうの神話ってどうなっていたんだろう。古代の神話。

釈 そうですね、どうなんでしょうか。

内田 もしそこに共通の宗教文化があると面白いんだけども。司馬遼太郎によると、韓国の古代の朝鮮の文化というのは、今はほとんど痕跡を留めてないらしいです。一番わからないのが古代朝鮮語で、それがわかると日本語との関係とかもわかるんだろうけどね。残ってないみたい。

釈 それはとても残念。

東アジア共同体

釈 ところで、一時期、東アジア共同体みたいな話を言う人がいましたけど、すっかりいなくなってしまいましたね。

内田 今もやってますよ、鳩山由紀夫さんが。あの方は世間の風向き気にしないから。「宇宙人」ですから。

釈 でも、今取り組んでいるTPPは、完全に反東アジア共同体、東アジア分断政策ですよね。

内田 そうです。鳩山さんの東アジア共同体構想って、ごく常識的なアイディアなんですけれどね。中国、韓国、日本、台湾、ASEAN諸国が連携して。

釈 EU的なイメージなんですか。

内田 AU(Asian Union)でいいじゃないですか。

釈 通貨統一とかを考えているんじゃないでしょう?

内田 とりあえずは経済的な連携を深めて、ビザなし渡航とか、文化交流とか、まずはそういうことなんじゃないですかね。

巡礼部 理に適っていますよね。もうちょっと結束していいというか。

内田 問題は、中国が大き過ぎて、あとが小さ過ぎる。だから、まずは韓国と日本と台湾の三国がきちんと連携する。その三国で総人口が二億ちょっと、GDPの合算では中国の六〇%になる。この三国は、漢字文化圏だし、儒教・仏教圏だし、歴史的に深い関係にあって、統治形態も近い。だから、まずはこの三国の南北連合で「合従」して、中国と五分で交渉できるプレイヤーになる。そうじゃないと、人口が日本の一〇倍で、中国GDPが日本の二・三倍という中国には対抗できません。中国のほうはこの南北連合を寸断して、個別的に同盟関係を結ぶ「連衡」策で切り崩してきますから。

釈　手順が重要なんですね。

内田　まず日韓が信頼できるパートナーになって、共同歩調をしてゆかないと、日本は東アジアにおけるミドルパワーとしてさえ機能できませんよ。日韓が対立している限り、中国にとってもアメリカにとっても、少しも怖くない。

巡礼部　ほんとそうですよね。仲悪くなると、つけ込まれるだけですよね。

内田　だから中国もアメリカも、日韓が相互理解を深めることを嫌うんだよ。

釈　そうなんですか。

内田　そりゃそうでしょう。帝国主義の時代から、植民地統治の基本は「Divide and rule（分断して統治せよ）」だから。強国は小国を分断して、絶対に同盟させないようにする。だから、今「嫌韓運動」をしている人たちは、アメリカから見れば東アジア支配戦略の協力者なんじゃないの。

釈　はあ、確かに親米派の人が多いように思います。

内田　だから、ボランティアでやっている人もいるけど、嫌韓運動の中心的なセクターにはアメリカから支援が入っていると思うよ。

倭人のエリア

釈　だいぶ時代が行ったり来たりする話になりますが（笑）、ふたたび古代に戻りまして、伽耶文化圏という点ではどうでしょうか。対馬と伽耶と共通するものというか。

永留　ある程度はあるでしょうね。『魏志倭人伝』の狗邪韓国というのが古代の伽耶。今、釜山に隣接する金海空港からウンチョンにかけての一帯が伽耶国の中心地だったんではないかといわれています。対馬では、伽耶式の土器や、古新羅系の土器も出ています。『魏志倭人伝』では、その狗邪韓国のことを、ここでは鉄が採れる、その鉄を採りに郡からも来るとしています。郡というのは中国が置いた郡ですね。そして倭とか濊（わい）とか貊（かく）とか、そういう諸民族も、その鉄を採りにやって来ると。だから、日本人も行っているんですね。そして、物の売り買いは鉄を媒介にしていて、まるで中国で貨幣を使っているようだと。そういうふうに書かれています。

釈　それにしても、倭人っていうのは、そもそもどういう人たちなんでしょう。日本人のいくつかあるルーツの一つに倭人があると思うんですけれども、倭人とされる人たちの正体が今ひとつよくわかりません。

永留 その当時、中国なりの人たちの目に触れやすかった倭人というのは、やっぱり対馬とか壱岐とか北部九州、五島も含めてですね。その辺の人たちと、しきりに交流していたんじゃないかと思いますね。

釈 そうか、倭人はその辺りが本拠地なんですね。

永留 朝鮮半島では、ドルメンというのがあります。ちょうど水田耕作が始まるくらいの時代、石器時代から金属器を伴う農耕社会に移っていくそういう時代、その時代にドルメン、支石墓が現れます。

内田 石を並べる？

永留 大きな石をテーブル式にした墓が中国東北地方から朝鮮半島一帯に広がります。この支石墓が、北部九州、西北九州（五島とか松浦とか）、そういう所から出ています。

釈 五島にもあるんですか。

永留 あります。そのドルメンに伴う出土品の典型的なものが、対馬の遺跡でも出るような磨製石剣であったり、琵琶形の銅剣といって、細形銅剣の祖型になったようなもの。その支石墓が朝鮮半島には何万とあって、石剣など同じ物が対馬にもあるのに、支石墓自体は対馬にない。これもまた、行き来はあっても融合はしないということかもしれませんが、磨製石器なんかの物のやり取りという面では、かなり緊密な交流はあったみたたいですね。だから、対馬は水田は少ないけど、そういう交易のなかで米も手に入れて生活していたわけです。しかも南北に交易していたと『魏志倭人伝』には書いてあるから、そういう物を朝鮮で仕入れては、博多周辺だけでなく、五島、松浦とか天草、沖縄など、ひょっとしたらもっと南まで行っていたかもしれないんです。

気質を支える技術

巡礼部 対馬ってずっと玄関口で、何かが入る窓口で、そういうフロンティアであり続ける精神性みたいなものってなんだろうなと思いました。

釈 対馬の人の気質って、何か特徴がありますか？

永留 海民ですよね。そして海を渡って交易しないと生活できない。

釈 海民の特性を今なお色濃く残しているというわけですね。

内田 対馬海流によって朝鮮半島と日本列島が隔てられていて、距離的に近いほうが海流がきついので実は渡航しにくいという話、非常に説得力がありました。

釈 あれは目から鱗でした。

巡礼部 ほんとですね。

永留 それでもう一つ言いますと、大きな海流は大体南から北東のほうに流れていくわけですが、それは一般論といえば一般論で、対馬と朝鮮半島の間の海水全部がそう流れているかというと、そうでもないんです。というのは、干満というのがありますね。満潮で日本海のほうの水位が上がると、逆の流れも出てくるんです。それは潮流……潮の流れといいます。壇ノ浦の合戦で平家が負けたのも、その潮流を見誤ったからです。満潮に達する前に、それまで瀬戸内海のほうに三方向から水が流れていたのが、瀬戸内海の水位が高くなると満潮になる前に逆流が起こるんですね。それと一緒で、対馬の沿岸、あるいは朝鮮半島の沿岸では逆流なんかも起こります。だから、この対馬海峡を横断するためには、そういう条件を知っていないと難しいですし、逆にそういうのを知悉(ちしつ)した人にとっては、それほどでもない。風も利用できるし。

釈 海流を知り、風を知り、潮流も知り、星の運行を知り、船を造り操る、そして大きな活動範囲を持つ、そういう人たちなのですね。それが独特の気質を育んできた。特徴的な信仰を保持してきた。

永留 時代は大きく変わるんですが、科学技術という面でも、江戸時代に非常に進んだ測量技術を対馬は持っていて、伊能忠敬より前に元禄の国絵図という精確な絵図・地図をつくっています。

釈 かなり正確なものなのでしょうか。

永留 かなり以上に精密です。衛星写真とほとんど変わりません。携帯用のコンパクトな測量器も開発したりしていました。

内田　すごいですね。測量技術も発達していたんだ。

釈　それも海民文化か。対馬の人たちは海民マインドと共にそういう技術も継承していた。

永留　だから、伊能忠敬が来たときに、それを見て、今まで詳しい絵図というのはあちこちで見てきたけれども、これほど正確な地図というのは初めて見たと驚いてます。だから対馬での測量は海岸線が多くて難しいだろうと思っていたけど、スムーズに終わったと記録に書かれています。

内田　神話や芸能だけじゃない、対馬の海民の技術ですよね。

境目と差異

巡礼部　今日は高い所から海の景色を見ましたけど、お天気が悪くて、どこまで海でどこから空か、海と空の境目が全然わからない。入り江もすごく入り組んで、内陸のほうまで入って、内陸というか奥まで入っているので、どこまで海か川かわからないみたいな感じがして。それがちょっと、すごく不思議な、不思議なというか、なんじゃろうなあと思いながら過ごしていました。この対馬っていう土地も、ちゃんと境界が、朝鮮半島とのね、境界ってあるんだけれども、どこまでこの線が、こういうふうに線の引き方を、どんなふうに線引いてきはったのかなっていうのをちょっと考えたりしていました。あまり深く考えなかったんですけど、境界って、とっても曖昧なものだけれども、あるっていう。

永留 国境は目に見えないけど、ある種の線引きは確かにありますね。

釈 韓国文化であるオンドルも使っていないし、キムチもつくらなかったんですよね。

巡礼部 食文化って一番浸透力があるはずなのに。

釈 寒さの質が違ったのかな。

永留 寒さが違うのと、朝鮮の場合はもうキムチ以外に、冬はほんとうに食べ物がなくなるんですよ。対馬の場合は、たとえば海藻なんかね、ヒジキとかワカメとか、ヒジキなんか干して乾燥させておけば年中いつでも食べられるし、孝行芋＝さつまいもも魚もとれる。貿易すれば手に入りますしね。

釈 海の幸に恵まれた土地なのか。

永留 あと、朝鮮の場合はやっぱり農耕民族だということですよね。

内田 ああ、そうか、そうか。

釈 農耕民と海民の相違ですか。

永留 対馬全体が海民性に依拠しないと食料も確保できない。農業もするけど、海民でもあるという気質ですね。

釈 お隣の壱岐は結構農地が大きいそうですね。

内田　じゃあ、壱岐は海民文化じゃないんですか。
永留　海民文化もあるけど、畑も田んぼも自給できる程度にありますね。
内田　なるほど。
釈　韓国、対馬、壱岐、距離は近いのに異なる文化やメンタリティがある。
永留　対馬の人間はかなりが海民だったから、農地が少なくても漁もするし、海の交易で食料補給できて、独立した状態で住み続けられました。もしここに農耕民が占拠しようとやってきても、結局その人たちはどこかから補給してもらわないと生活できない。

辺境をつくるもの

巡礼部　宮本常一先生のご本なんかを読んでみると、対馬はすごく貧しくて、食料不足という印象です。戦後すぐ訪れられたときに、ここの島の人たちが食べ物を得ることの困難さを克服していくために農業が大切だろうって、農林省なんかを訪ねられて、皆さんに作地のやり方も指導されたということですが、ある程度、皆さんが食べられるのに苦労しなくなったのって、いつ頃からだったんでしょうか。
永留　逆に、一番苦労したのが戦後じゃないかと思うんですね。たしかに子供の頃、TVコマーシャルでヤンマーの宣伝が印象深いんですが、ポンプが普及して水田が増えました。しかし単に戦後の食料不足っていうんじゃなく、それまでは朝鮮にも結構……いいか悪いかは別にして、行き来もしていた。それが全く国境を閉ざされてしまうと、ほんとうの日本の辺境になっちゃうんですよ。

内田 なるほど。

釈 そういうことか。

永留 国境が開かれていると、外国への窓口になるんです。閉ざされると条件が一八〇度変わります。江戸時代も確かに貧しいのは貧しいけど、何がしか生き延びるだけの食料は、さっき言ったように、保存食とか交易で手に入れた物とか、何がしかはあった。孝行芋（サツマイモ）も全国に先がけて琉球イモを普及した。決して裕福じゃないけど、キムチがなければ食う物なくて飢えて死ぬっていうことでもない。

巡礼部 でも、国境が閉ざされると……。

永留 平安時代の後半とか、特に戦後直後ね。

巡礼部 そうしたら苦しくなったっていうことですよね。

永留 そうですね。残された文化財も少ない。質問の答えになっているかどうか。

内田 いやいや。

釈 とても考えさせられるお話でした。そんなところで、内田先生、いかがでしょうか。

内田 よろしいんじゃないでしょうか。

釈 ありがとうございました。明日もどうぞよろしくお願いします。

chapter **3**

３日目

天と海と地と人と

亀卜の雷神社
←
多久頭魂神社
←
御神木
←
波切不動
（豆酘崎）
←
豆酘崎灯台

（バスでカーブの多い道を走る）

永留 おはようございます。今日はこれから、豆酘という所に向かいます。昔は高い峠を越えて行っていたんですが、今はトンネルができて、峠は通らなくなりました。そこの峠はですね、秋にアカハラダカが朝鮮半島から本土に渡るときに、何万羽も集まって一斉にずっと渡っていくときの中継地に近くて、渦を巻くようにずっと集まっていく景色が見える所です。

内田 見晴らしいいですね。

永留 ずっと東の沖には沖ノ島があります。見えることは少ないと思います。

釈 沖ノ島が見える日もあるのですか?! 島全体が御神体という聖域。海の正倉院。行ってみたいけれど、一般の人はなかなか上陸させてもらえない。

永留 はい。私は厳原の向こう側の山の裏から、一、二度見た記憶はあります。見たというか、とにかく島のようなのが浮かんで見えるから、人に聞いたら、それは沖ノ島しかないだろうと言われて。地図開いて見てもそうなんですよね。蜃気楼だったか、あるいは、見えることもあるのか今でも不思議に思う体験でした。壱岐の島は、天気次第ではきれいに見えます。今日は曇っていて見えなかったですが、これからも見る機会はあるかもしれません。厳原からでも沖の水平線上に壱岐が見えます。

　この道路は、明治から大正にかけて対馬の各地に砲台がつくられたときに拓かれた軍道がメインになっています。所々トンネル掘っていますけど、昔のトンネル技術というのは今ほどではないですから、曲がりくねったカーブの多い道路ですね。

内田 これは通り抜け厳しそうな道ですねえ。

永留 外から来られた方は、曲がり角やカーブなんかで対向車が出てくると「あっ」と、悲鳴上げたりすることはあるんですけど、地元の運転手さんは上手いです。特にバスの運転手さんになると、私らも運転していてびっくりするぐらい。

龍良山(たてらさん)から流れ出る清流として有名な「鮎(あゆ)もどし」が左手に見えてきます。川底は花崗岩の一枚岩で、その景観と水遊びの名所として人気のある場所です。

あちこちに鬱蒼とした所が残っているのも、戦前、要塞地帯として伐採なんかが禁止されていたということがあります。それともう一つは、昔は深い山は神山で共有地が多かった。それは明治になると登録するようになりますが、共有地だと個人の登録がほとんどなかったんで、その分が全部、国有地になりました。天然林がそのまま残っているということで、大正時代に国の天然記念物に指定された森林が、この豆酘の背後にある大きな龍良(たてら)という山、そして白嶽、北の方の御嶽で三カ所あります。そこには非常に貴重な動植物なんかもたくさんいます。

ツ、ツツ、ツシマ

永留 トンネル通って下りた所は内山盆地です。対馬はほとんどの村が海に面していて、大

龍良山のふもとにある名勝「鮎もどし」は、川底全体が花崗岩の一枚岩となっている。

体、それぞれの村は海産物を採るための海岸を持っていますが、この内山だけは盆地というだけあって、完全に山に囲まれた海辺のない村です。豆酘（つつ）は、左側に見える龍良系の裏側になります。

豆酘は、亀の甲羅を使って占う亀卜（きぼく）をやってた所です。今も旧暦一月三日に行われるんですが、江戸時代には、その半月か一ヵ月ぐらい前から、豆酘への出入りが禁止になっていたと記録にあります。そうして神聖な雰囲気を保って亀卜を行うんです。国の今年一年がどうなるか。国というのは藩ですね、対馬がどうなるかというのを占います。それで、周囲の村からは、隔絶とまでは言わないけど、普段もちょっと離れた感じになっていたので、古いしきたりとか言葉がよく残っています。今は全体的に標準語になってきているけど、私たちが子供の頃は、おじいちゃんおばあちゃんなんかの世代が豆酘の人同士で話していると、何を言っているのかさっぱりわからないという、そのぐらい違っていました。

豆酘の方言について、調査に来た先生たちが調べたところ、「それは皆さんが豆酘の言葉がわからないんじゃなくて、皆さんの言葉が新しくなったんです。古い日本の言葉に近いのが豆酘の言葉です」と言われました。

内田　豆酘って変わった字ですね。

釈　もともとは、海に関係する「津」という言葉から来ているんでしょうか。

永留　かもしれないし、住吉神社の研究をしている大家の先生が、住吉のツツノオというのは、もしかしたら豆酘で現れた神様ではないかとも言われていました。

釈 ああ、そうか、ツツノオノミコトからの流れもあるか。

永留 スサノオみたいに、ツツノオだったんじゃないかと。

釈 海民の信仰で知られるソコツツノオ、ナカツツノオ、ウワツツノオノミコトですね。ということは、豆酘が住吉信仰発祥の地かもしれない。

永留 かもしれない。かも、ですけどね。

釈 それはすごい話ですね。

内田 住吉神社の祭神というのは？

釈 今、話に出た住吉三神ですね。底筒男命（そこつつのおのみこと）・中筒男命（なかつつのおのみこと）・表筒男命（うわつつのおのみこと）です。海の神であり、星の神であり、和歌の神でもある。住吉信仰は日本各地で盛んでして、特に海沿いで祀られています。こちらでも人気のある神社なんでしょうか。

永留 式内社と呼ばれる神社が二九座あって、対馬の住吉神社も入っています。今は昨日行った雞知という所にありますが、雞知に移る前は浅茅湾の奥の東側の沿岸にある鴨居瀬という所でした。ここは非常に景色がよくて、昔は紫瀬戸という、要するに海藻とかサンゴが紫色に輝いているといわれるぐらい景色のいい所なんです。絵葉書なんかにもその場所の写真が使われたりしていたけど、今はサンゴなんかがちょっとなくなってきています。そういう景観なので住吉はもちろん海神ですが、対馬では海神は和多都美が多いし、格も高そうです。

釈　「ツツ」が古語の「星」に関連する言葉だっていう話を聞いたことがあるんですけれども。

永留　星？

釈　はい。「ツ」は「チ（霊）」の転じたものであるとか、「津」に関わるとかいうのですが、星を表す言葉でもあるらしく。つまり星辰信仰です。海を渡る人にとって、星や方角はライフラインですから。

永留　海民だから、可能性はあるかもしれませんが、私は聞いたことがありません。ツとかチというのは、龍神につながるという見解もあります。

釈　今の西へんの難しい漢字（酘）。あれはどこから？

永留　あれはいつからかなあ。古くは西へんに豊。

釈　和語に漢字を当てはめたという感じがするんですけど。

永留　そうですね。前にも出た「漢字二文字」のお達しにしては難しいですね。それにしても、あの字を選んだ理由なり、人はどんな人だったのかなあ。本居宣長でさえ、これは「酘」という字の間違いだと書いてたりします。

釈　えー、そうなんですか⁉　本居宣長は、「対馬」ではなく、『古事記』にあるように「津島」を書くべきだって言ってますね？

永留　うん、もともとは語意からしても津島みたいですね。

釈　やっぱりあっちのほうが古いんですか。

内田 女優の津島恵子の津島？

釈 「津」の「島」。

永留 はじめは津島の国でしたけど、そのあとにランクが一つ下がって津島の島になってしまう。国が島に格下げされて。そうなると、津島の島になると、島という字が重なるから、『古事記』は津島島ですが『日本書紀』のほうは津島のところを、「津」の「島」じゃなくて、『魏志倭人伝』に書かれているのと同じ「対馬」を書いたみたいなんですよね。

釈 字面の問題なんですね。

内田 対馬というのは、『魏志倭人伝』の？

永留 はい、『魏志倭人伝』の表記です。『日本書紀』は、だから「対馬」ですね。たしか『古事記』は「津島島」って書いてあります。

内田 ツシマジマね。

亀卜の雷神社

亀卜の里

（バス下車）

永留　こちらが亀卜神事が行われる雷神社です。

巡礼部　ん？　どこ？　あ、小川の向こうになんかある。

釈　雷神社、これですか。ははあ、いいなあ。石の橋がかかってる。清流があって。小さいけれど、立派な聖地ですね。

巡礼部　ずいぶん親しみがあります。家のすぐそばが聖地って。

内田　そうですね、隣の聖地。カジュアルな聖地。

釈　こういう所で、鳥居というものの威力が増しますね。拝殿とか社殿がなかったら鳥居がないとあきませんな。

内田　これが境界線ですか？

清流を渡ると雷神社の神域に入り磐座がある。

釈　そういうことになります。もうこれだけでOKなんですよね。ちょうど曲がり角みたいな所にあるけど、磐座(いわくら)がなにかの境目だったのかな。

内田　そうですね。これも、境界を表す「サキ」の石でしょうね。

釈　でもなんで「雷神社」なのかな。あんまり雷っぽくない感じがするが。どこかから見て、何かの方角に当たるんでしょうか。

永留　それは龍良山(たてらさん)でしょうね。山に雲がかかると雨が降ると言われています。雷神と雨はつきものですからね。

釈　そういうことですか。

永留　私らが子供の頃までは、この清流はですね、豆酘全村の川の中で一番きれいな水だといわれていました。拝殿はありますが、神殿はなく小さな祠(ほこら)だけです。

薄く平たい板石を川に渡しただけの「石橋」。恐る恐る渡る。

釈　神殿なしですか。
永留　神殿なし。
内田　磐座あるのみ。
永留　ここも和多都美神社と同じような。
釈　奥の岩が磐座でご神体でしょうか。
永留　祠だけしかないというのが、やっぱり古い習俗を残したもののようです。
内田　中身は空っぽなんですか？　御神体は何も置いていない？
永留　御神体は、どうでしょう。
内田　石が一個とか。
永留　これはもう、神主さんしか開けてはいけないんです。そういう古い慣習を守っているところは、土地の人たちも御神体は見たことありません。見ようと思うことさえないという、そういう人たちが多くいます。現代の都市部ではちょっと考えにくいです

磐座を背にして祠が置かれただけの聖地。ここで亀卜神事が行われる。

けどね。そこにあって扉を開ければ見えるのに、見ようとしないんです。古代からそういうしきたりなんですね。神様にまつわることですし。

ちょっと狭いと思われるかもしれないですけど、この拝殿の前で、亀卜のあと、「サンゾーロー祭り」があります。祭りでは、神主さんも供僧（ぐそう）の役もみんな村の人がやります。

釈　神職も僧侶も、村人が割り当てで担当するのですね。やはり各地に見られる古い祭祀形態です。

永留　主祭者が何か唱えると、皆が返事をする言葉も決まっています。その返事の一つが「サンゾーロー」。みんな参上していますよと。それで、祭りの名前も誰言うとなく「サンゾーロー祭り」

になったようです。

釈　「参候」ですね、「参上仕り候」。

永留　みんなで声を合わせて、何回か「サンゾーロー」と唱え、クロ（メジナ）を取ってくる人、切り分ける人がいて、それも直接手では触れずに、箸と包丁だけで切り分けて、出席者に配ります。

愛知の知多半島、あそこにも津島神社というのがあって、やっぱりサンゾーローという祭りがあるらしいんですが、それは、どうも対馬から持っていったものみたいですね。若干、中身は変わっているようなんですけど。何かの縁で対馬から移ったみたいです。

この奥まった所で亀卜の神事が行われます。ゴザを敷いてね、神主さんや供僧の方とか、亀卜神事をやる方がここに座って、この辺で火を燃やしてね、亀の甲羅で作ったマチに、こう火を押しつけてヒビ割れの形で占うのですよ。そういう神事が行われます。

釈　岩と清流の所で亀卜をする。

内田　そうか、亀卜ってこういうような所でやるんですね。

釈　宮中か何かでやっているイメージがあったんですけど。

内田　アウトドアですね。磐座がそばにあって。

永留　祭は旧暦一月三日ですから、結構寒いです。その冷気が神域を感じさせたりもします。

釈　厳原の資料館で亀卜で使用されたものを見ましたけど、もっとシンプルなものかと思ったら、甲羅を薄く小さくしたものを使った乱数表みたいなもので、かなり複雑でしたね。

巡礼部 もっと、丸ごと焼いてバキバキなのかと思っていました。

釈 そうなんです、亀の甲羅を火の上にポンと置いて、バキッと割れた具合で占うのかと。

永留 最初に行った小茂田浜の北のほうに阿連（あれ）という所があります。そこの大野崎の沖で獲れる亀の甲羅を使うと決まっているんですが、今、その亀は希少生物だというので捕獲してはいけないことになっています。

釈 じゃあ、神事でもずっと使い回しなんですね。

永留 今は入手できません。

釈 甲羅を格子状に細かく加工した上で、火を一マスずつ押し当てて、割れた方向の組み合わせを見て占うんですよね。亀卜は当時の最新の科学、新しいテクノロジーです。その前は太占（ふとまに）といって動物の骨とかを使っていました。

内田 テクノロジーでもあり、シャーマニズムだね。

太陽の神

釈 今は村の人たちが役割分担しているようですが、亀卜に関しては、かつて専門の人がいたんじゃないですか？

永留 亀卜を伝えていたといわれる神社が、対馬で十数カ所あるんですね。もとは卜部（うらべ）家の内でも亀卜は、岩佐、島居、長岡の三氏がやっていました。

釈　卜部は呪術系のグループでしょう。

内田　卜部というぐらいですから、占い専門の職能民ですよね。

永留　対馬で豆酘、佐護、仁位をはじめ阿連、加志などに亀卜があったようですけど、対馬でもっとも多い阿比留（あびる）という一族も、もとは古くからの神官と思われます。

内田　昨日厳原の町で「あびる」って歯医者さんあったよね。

釈　ありました。

内田　阿比留って、でも、朝鮮系の名前じゃないんですか。

釈　そうなんでしょうね。

永留　いや、違います。

内田　違います？

永留　純日本風かもしれん。

釈　和語ですか。

永留　太陽信仰で。

釈　あ、そうか、「ヒル」ですね。

永留　大日孁（おおひるめ）という女神がいました。その変化かもしれない。

釈　はい、大日孁。太陽信仰。アマテラス。

永留 対馬の県直一族とか卜部一族が平安時代の末期に反乱を起こしたことがあるんです。その後の記録には、一言も直とか卜部とかの名前が出てこなくなるんです。それから一〇〇年くらいして突然、在庁官人として阿比留が出てきます。だから、県一族なり卜部が名を変えて、大日孁を語源とした「オオヒル」というのを……。

釈 「アヒル」にした？

永留 名乗るようになったんじゃないかと。そしてその「オオヒル」というのに「阿比留」という字をあてたんじゃないかと、永留久恵は推測しています。

釈 太陽神の一族。

内田 なるほど。

永留 推測ですけど。そうすると確かに話は合うんですね。各郷の役所（在庁）に直の一族がいたとしたら、対馬全島の各地に阿比留の名前があるというのもわかりますし、直一族と卜部の名が消えたのも説明がつく。

釈 それでは、太陽神のお祭りはあるんですか？

永留 さっき、亀卜の亀を獲ったっていう、阿連というところに、オヒデリサマのお祭りがあります。普通、神無月になると、みんな、日本中の神様は出雲に行きますよね。阿連の氏神様も出雲に行くんです。

釈　さすがや、出雲。
永留　そうすると、山からね、オヒデリサマという太陽神、女神様が降りてきて。
釈　留守を守ってくれる？
内田　お留守番をするんですか。
永留　留守を守るんです。村の安全を守る。そして、その氏神様が出雲から帰ってくると、一週間か一緒に過ごして、それから山に帰るっていう行事があるんです。
巡礼部　きっと連絡事項とかやり取りして。
釈　引き継ぎね。
永留　そのときに、山に帰るときに、村の人たち全員で送っていくんですが、神様は身籠っておられますって言いながら戻っていくんです。
釈　身籠りますか。
永留　だから、まさに「御生れ（みあれ）」なのかというふうにいわれています。
釈　すると、阿連は「御生れ（みあれ）」から来ていると。「アレ」って、神が現れることですよね。
永留　おそらくそれが語源じゃないかといわれるんですが。このオヒデリサマというのは、まさに農耕というか実りの神様と結び付いた信仰でもあるんですけどね。
釈　オヒデリサマって、熊野のヒダル神みたいなものかも。
内田　何ですか、ヒダル神。

釈　ヒダル神の話は、熊野をアテンドしてくださった森本さんから聞きましたよ。

内田　太陽神でしたっけ？

釈　熊野の妖怪であり神らしいんですけれども、オヒデリサマと性格が同じように思います。対馬では太陽神で山の神なんですね。

永留　いったんは山に帰るんですが、春になると里に降りて、畑の神様になるところもあります。

多久頭魂神社

永留　これから多久頭魂（たくずだま）神社に参ります。対馬の天道信仰にとって非常に大切な所です。入り口のすぐ左手に神田（かんだ）、神様の田んぼ、赤米（あかごめ）を栽培する田んぼがあります。

釈　赤米は神事に使われるんですね。

永留　岡山の総社市なんかの赤米は中世に入ってきたものですが、ここは古代から続いている赤米です。天道信仰に基づいたり結びつけられたりして、年間二十いくつもの行事があります。赤米を植える作法とか刈り入れとか、それをまた俵に詰めて、頭首の家に吊り下げられ、米そのものが神体として祀られます。いろんな作法があるんですが、古代のものが現在まで続いているようです。

（参道を歩く）

釈　どこから入って行くのかな。ビワがなっている。こちらから？

内田　これは、わかりませんな。とてもじゃないけど一人旅では辿り着けない。

釈　一人旅では来ないですね。

巡礼部　多久頭魂神社、楽しみですね。

釈　いやあ、もうね、これは、導入部分から、かなりいい感じになっていますよ。

巡礼部　結構広いんですね。

内田　どっち行けばいいんでしょうね、これね。

釈　こういう鳥居、好きなんだ。

内田　この鳥居は、ずいぶんアルカイックですな。

釈　アルカイックですね。でかい金属のやつよりずっといいじゃないですか。

巡礼部　いいですね、これ、すごくいい。

釈　例の、ほら、地域創生一億円の鳥居がね……。大きな声では言えないのですが……。

木々がうっそうと繁る多久頭魂神社の参道。

内田　創生一億円。

釈　ちょとしたところに日本神道の原形を感じるな。タカミムスビの発祥の地ですからね。ワクワクします。

内田　これ、周り、原生林なんですか？　森林浴だね。

巡礼部　すごく気持ちいいですね。

釈　我々は基本的に〝都市の人〟じゃないんですよね。

内田　僕、東京、大嫌いですからね。東京生まれだけど東京嫌いという。人が多いのが苦手なんです。

巡礼部　釈先生も人混み嫌いですよね。

釈　そうなんです。よく知っていますね。梅田の地下街でもダメですからね。

内田　梅田の地下街は僕も嫌いだな。方向感覚が狂うから。

釈　ここは、神社の参道としては、かなりいい感じですね。

内田　そうですね。

釈　最小限の手しか入れていないような。いや、岩盤を掘り切りしたようなところもあるな。

内田　ここを掘ってありますね。

釈　これ、もう岩肌ですので。

内田　両サイド掘りましたね、これね。

釈　対馬はどこでも岩を掘らないといけないようですね。人間が暮らすには、ちょっとした技術が必要。こういう岩を割ったり掘ったりするという技術が、早くからあった地域なのかな。

内田　石には「理」というものがあって、そこを打つと、きれいに割れるらしいです。

釈　そうなんですよ。ネアンデルタール人はそれをよく知っていたそうですよ。岩を見て、パカッと割れるところがわかる能力があったとか。

釈　わ、梵鐘がある。ずいぶん古い形の梵鐘ですね。

内田　神社に鐘があるっていうのが珍しいです。

永留　ここは、古代はこの辺りに政庁、政（まつりごと）を行う所があったようです。国家宗教が仏教だった古代には、伽藍があったとされています。政庁が伽藍でもあり、そこに納められていた鐘だと考えられています。この辺の地名には、伽藍という地名なんかがあるようです。

釈　伽藍があったんだ。

永留　鐘は上がって見てもいいですよ。

釈　いいんですか？　上がっちゃおう。

永留　ここの所に日付があります。ここに、さっきも話に出た阿比留……阿比留宿弥という名前が出ていますね。「阿比留」の文字が確認できる一番古いものです。

内田　すごい、蜘蛛の巣だらけ。

梵鐘には1006（寛弘5）年の年号がある。

「阿比留」姓の文字が見える最古の記録。

釈　梵鐘の形が筒っぽいでしょう。古くて、大陸様式。

巡礼部　こういう細い感じのほうが古いんですね。

釈　うん。龍の頭二つのタイプですね。

巡礼部　双頭龍のほうが古いんですか？

釈　いや、そういうわけでもないです。

巡礼部　これは戦時中に供出しなくて済んだんですね。

釈　どうなんだろう。

内田　青銅ですか、これは。

釈　そうですね。

巡礼部　青銅の鐘はよくあるんですか？

釈　青銅は銅と錫（すず）の合金で、鐘にはよく使われますよ。

永留　多久頭魂神社には、ほかにもいろんな宝物があります。金鼓という銅鑼、韓国の踊りとか行列なんかで、ジャーンジャーンって鳴らしますね。それが長くなるとチャング、長太鼓、「長鼓」って書きますけどね。そういうのもありますが、ここのは金鼓です。対馬には中世頃の金鼓というのが島内何カ所かあるんですが、これは高麗から伝わった物です。あとは大蔵経ですね。

釈　大蔵経があるんですか。高麗版？

永留　高麗版です。でもこれも仏像と一緒に盗まれかかって、一冊はどこかに捨てたって犯人は言っているんだけど、まだ見つかっていないんですね。

釈　ええー。ここでも盗まれたのか。ショック……。

永留　それと、青磁のすごく大きなのがあります。龍泉窯、中国の龍泉窯ですね。ものすごく風格のある物です。

 高御魂神社

永留　鳥居くぐらずに脇道から入ってきちゃいましたけど、これが高御魂（タカミムスビ）神社です。

釈　こういうね、こういうところがいいですよ。

巡礼部　クモがすごい。あんまり飾られていないですね。

釈　もともとはこの社殿もなかったんですよ、きっと。たぶん祠も社もなしですよ。

永留　タカミムスビというのが、記紀神話の造化三神、一番最初に誕生した神様がアメノミナカヌシ、その次に誕生した神様がタカミムスビノカミです。要するに、記紀神話の中では二番目に古い神様ですね。その神様を祀った神社がここです。それがここで発生したのか、飛鳥のほうで発生したのが対馬にやってきたのかということですね。

釈　タカミムスビノカミが今の皇祖神につながっていて、天皇家にずいぶん縁のある神だというふうに聞いているんですけど。

豆酘の高御魂（タカミムスビ）神社。

永留　日本書紀には、「磐余（いわれ）の地にタカミムスビノカミを祀って、ツシマノアガタノアタイに祀らせろ」ということが書かれています。つまり、対馬にあるタカミムスビノカミが、それを祀る対馬のアタイ一族と一緒に、飛鳥に移されたということがわかるんですね。だから、記紀神話の創生部分に関わる神様が、もともと対馬で祀られていたという、そういう非常に重要なことを教えてくれる神様です。さらには、「祀るために磐余の田を献上せよ」とあります。磐余というのは、飛鳥の中の飛鳥みたいな所なんですけど、そこの重要な田を献上して、この神様を祀るための祭祀料に充てよと。そんな記述です。

　高御魂神社は、もとは別の所、今は中学校があるあたりにあったんだけど、そこを中学校にするときに、かなり抵抗もあったみたいですが、ここに一緒に集めるみたいなかたちになりました。

釈 先生、ほら、日本の神話のいちばん最初に登場する造化三神ですよ。

内田 タカミムスビと、あとは？

釈 アメノミナカヌシと、カミムスビです。

内田 アメノミナカヌシ、タカミムスビ、カミムスビ。

釈 はい。一番最初のアメノミナカヌシって、名前だけ出て、あとは記述がないんです。宇宙の真ん中ですよというだけ。三つあったら一つよくわからない透明な存在があって、対立構図を無化する。それが日本神話の中空構造だと、河合隼雄さんが言ってます。イザナギ・イザナミの子どものヒルコもそうです。

内田 タカミムスビについては、いろいろと記述があるんですか？

釈 そうですね。アマテラスの「岩戸隠れ」では神々の会議をとりまとめています。さらに、あと二柱の神が加わり、国をつくっていくんです。タカミムスビとカミムスビは「ムスビ」という言葉が付いているので、結合して生まれるという含意があるようです。

多久頭魂神社

永留 そして多久頭魂（たくずだま）神社です。多分これが、もとは観音堂の建物でした。

巡礼部 今は、これは何になっているんですか？
内田 御本尊がないということは。
釈 今は拝殿になっているんですか？
永留 拝殿ですね。御神体は龍良の山です。
内田 山全体が。
釈 龍良の山そのものが御神体ですか。
内田 そもそも多久頭魂というのは、どういう意味なんでしょう？
永留 卓越の「たく」かもしれないという説はあります。神様の中でも卓越した、霊的というか神的というか、そういうパワーを持った神様かもしれないけど、はっきりしたことはわかりません。
釈 「つ」は海のような気がしますけど。
内田 多久頭って「津」じゃなくて「頭」なんですよね、字は。
釈 今は「頭」ですけれども、もともとは「津」の可能性がありますね。
内田 浜ですからね。
永留 そうなんですよね。だから「頭」も、そこにこだわると「ず」じゃなくて「づ」なんですよね。
内田 「くづ」ってあったよね。なんだったたっけ。

永留　そうそう。「多久」と「久頭」のどっちに意味があるのかと。

巡礼部　「くず」だったら、その土地にもともといた人みたいな「国栖」もありますね。

釈　これは調べなきゃいけませんね。

永留　このすぐ裏に、御神木があります。

内田　じゃあ、御神木へ。

最強の御神木

永留　あのクスノキが御神木です。幹の太さは万松院のスギ以上でしょうね。

内田　おお。ちょっとこれ。

釈　これね、これ、神さまですね。

内田　これが、御神木。

釈　すごい存在感！

巡礼部　これは御神木ですね。

釈　これは明らかに御神木だね。

永留　木の瘤の所から別の木が生えています。

釈　クスノキか。

内田　これはすごい。いろんなものが生えていますね。種が飛んできて苔に根をおろして、どんどん生えちゃった。

永留 和多都美神社と並ぶパワースポットですね。

内田 ここはパワースポットですね。

釈 はい。

内田 なんかもう、危ないなあ。

釈 これは、クラクラッとくる感じですね。

内田 こっちもすごいですよ。これはすごいわ。

釈 いやあ、くるなあ。

内田 ここ、すごいですね。これ、極上のスピリチュアル・パワースポットです。

永留 神様の森は、やっぱり一種の原生林みたいなもので、伐採しないから……皆さん、気を大いに吸い込んでますね（笑）。

内田 パワースポットでパワーを浴びる人たち。

（思い思いに深呼吸したり体を動かす巡礼部一同）

釈 これはすごいなあ、確かに。

内田 山は、この後ろになるんですかね。

永留 この後ろといえば後ろですね。龍良山というのがあって。正確には、ここから見えてる所の、もう一つ裏側になるんですけどね。

多久頭魂神社の御神木であるクスノキ。
樹高約30メートル、幹周り約7メートル、樹齢は650年とも。

釈　さらに後ろ。龍良山。

内田　いやあ、ここはすごい。

釈　それも、ちょっとランクが違います。

内田　ものが違いますね。那智の滝クラスですね。

釈　那智の滝並みの、あのクラスの。

内田　那智の滝並みですけど、あそこは周りがあまりに。

釈　俗なものがありましたけど。

内田　ここは世俗のものが何もないですから。

釈　ここはもう、ただの山の中ですよ。我々、獣道みたいな所を通って。

巡礼部　いやあ、気持ちいい。すごいですね。

釈　権威ある神社は、社殿の周りをまっすぐの木で囲みたがるんですけど、ここはコブコブの曲線があって、それがさらに原始的で。

内田　そうですね。

釈　熊野の本宮も全部まっすぐで囲ってあるでしょう。

内田　そうでしたね。

釈　明治中頃に移転してつくられましたから。あの整然とした清潔感が神道の理想を表現しています。でも、ここはもっと原初的な、曲線が入り組んでいて。

内田 森のパワーがすごい。

釈 やっぱり多久頭魂でしたか、対馬の霊性の深い所は。我々が親しんでいる神道よりさらに古層へと触れることができました。

内田 神社建築というか、建物の配置とか階とか鳥居とかって、ある程度フォーマットが出来てきて、今はそのフォーマットに則ってやっているけど、ここのは全然違いますね。もう好きにやっている。

釈 スペースがあるので社殿つくるけど……的な。

内田「おお、ここ、なんかパワーあるぞ」というので、とりあえずつくっちゃえというね。

釈 こうしてみると、神道も整備されて、本来の生き生きした宗教性がずいぶん損なわれているんでしょうね。

内田 ここは原初の力がまだ残っていますね。

永留 龍良山のふもとの聖地・八丁郭なんかは、元は鳥居も神殿もないですからね。石積みだけ。

釈 そうか。もっと原形に近いですね。ああ、そこに行きたかった。我々は今回そこまでムリなんですよね？　残念です。

神功皇后の気配

（高齢の男性と永留さんが話している）

男性 ……私は、ここの区長をしているんですけれども、三月で替わって。ここのことも少しは詳しいと思うんですね。どういういわれで祀ってあるか、わかっておられます？　タカミムスビノカミは、これは昔からありますけど、ここはですね、神功皇后様、ご存知ですね。

永留 ええ。

男性 その方が朝鮮新羅に征伐に渡るためにですね、ここを休憩所にして立ち寄られて、そちらのほうに神住居（かむずまい）神社いうのがあるんですけど、渡るまでしばらくそこで住まいをして、そして村の方では、漁に行くこともできんし百姓作事をすることもできん、女も裁縫事も一切できん、ひっそりと静かにしてくださいと言われておりました。そうしないと、皇后様の動きがわかって、朝鮮のほうから兵が来るということです。そして、出立するときは、ここで、カンカン様いうてですね、赤い船と白い船を、帆柱を立てて無事を祈るために祭りがあってですよ。

永留 カンカンカン祭り。

男性 カンカン祭りというのは、そこからきた名称です。そして、銅鑼（どら）を鳴らしてね、賑やかに、いろいろ太鼓叩いたり笛吹いたりして、浜まで見送ったというのが伝えられております。

永留 カンカン祭りはいつでした？

男性 あれは八月の一八日ですね。そのときにここで船をつくってですね、赤旗と白旗を付けて、そして、鉢巻きを赤と白と被って、頬被りして、浴衣を着て、皇后様が出立された浜まで練り歩くんです。そして皇后様がいるあいだに、ここの村の人たちをいろいろ指導していただいてですね、赤米とか神事も、そういうことも全て皇后様の言い伝えで、きておるということですね。

永留 赤米もそうなんですか？

男性 全て、ああいうこともですね、皇后様が、村の発展のためにですね、いろいろと。それまでは天道法師という方がおられたけども、皇后様が来られていろいろされたということです。

釈 なるほど。ありがとうございます。

永留 ありがとうございました。

（男性去っていく）

内田 さっきの方は、この豆酘の区長さん？

永留 そう言っていましたね。

内田 ちゃんとああやって見張っているんだね。怪しげな者が来ないかどうか。

釈 それでちょっと声をかけられたんでしょうか、「どこから来られましたか」って。

永留 前は宮司さんが、さりげなくお掃除していたりとかしてたんだけど、亡くなられて。

釈 〝さりげなく掃除〟は宗教者の役目ですから。

永留 そうそう、いかにもそんな感じでした。それでいて質問すると詳しく教えてくれる。その宮司さんなんかも供僧(ぐそう)でしたけどね。亀卜神事のときには、お経を上げていました。

釈 神功皇后が対馬へ来たときに豆酘に上陸して、そこでタカミムスビを祀ったという記述もあったと記憶していますが。

永留 神功皇后伝説を言うと、話がちょっと長くなるんですが、日本書紀には対馬に来たこと、鰐津(現在の鰐浦)から出航したことが書かれています。

対馬にはほかにも、神功皇后が来たという伝説と結びつけた地名が多くありますが、日本書紀にも書かれてない後世に創作された話です。昨日の「雞知(けち)」も、あれは神功皇后が来たときに、鶏が向こうのほうで鳴いて朝を告げているから、行ってみようと。だからそれからは雞知と、鶏が知らせるという字を書いて雞知と名付けようとか。全くの伝説なんですけどね。そんな、記紀神話にも書かれていない、いろんな伝説が対馬にはあったりします。

一方で、神功皇后伝説、特に三韓征伐というのが、戦前みたいに日本の中で何度か大きくクローズアップされる時期があるんです。それとは別に対馬では、江戸時代に入って朝鮮貿易が下火になってくると、対馬はほかの国にはない国防を担っていると主張します。海防はほかの藩でもやっている所はあるけど、ここは異国から野焼きの煙さえ見えるぐらいの距離にあって、切実さが違うんだ、みたいなことを強調して援助（借金など）を要求する。幕府のほうからも、じゃあ対馬の国防の特殊性というのをちゃんと文書にして出せと言ってくる。そこで、神功皇后の三韓征伐以来云々というような、伝説とも作り話ともつかないことも書いたりしています。

巡礼部　今と同じですね。

永留　そういう事情もあって、ここに三韓征伐なんかが、かなり根強く伝わっていたわけです。あまり「借り物」とか「史実と違う」とか言うと、それを信じて守っている人にとっては、ちょっとね、逆撫（さかな）でされるような思いがするんじゃないかとも思います。

内田　豆酘にとっては、神功皇后が来られたのが、この土地にとっては真実なのだ、と。そういう信念みたいなものが。

釈　草の根的伝承があるんですね。

神と仏と伝説の海

永留　ここは、これだけの祭祀の場があるってことは、相当いろんな信仰が混じっていると考えていいんでしょうね。

釈　はい。まずは観音信仰があります。ここみたいな所は観音様が合いますよね。お釈迦様より観音様という感じがする森ですね。母性が強いような。

内田　神仏習合のときって、なかなかお釈迦様は出てこないですね。
釈　そうですね、おっしゃる通りです。お釈迦様は生身の人間ですから、もう少し概念化・抽象化されたもののほうが習合しやすいんじゃないでしょうか。
内田　なるほどね。そうか、仏陀は生身の人間だから。
釈　約二六〇〇年前にインドの北部に実在した歴史上の人物です。
内田　生身の人間は扱いづらい、と。なるほど。
釈　そしてここは単なる観音信仰ではなく、補陀落山（ふだらくせん）信仰の地であった可能性もあるんじゃないでしょうか。観音の浄土である補陀落山。南方の浄土です。ここは対馬中心部から見れば南方ですよね。
永留　対馬全体の南部でもあるし、龍良の山の南側にもなりますね。
釈　補陀落山の信仰も、海民系の集落と縁が深い。補陀落渡海（行者が南方に向けて船で出発する捨身行）があった場所は足摺岬や室戸岬や那智勝浦です。
永留　補陀落というのは時々、なんだったか思い出せないけど聞きますね、対馬でも。
釈　ほかにも補陀落山と呼ばれるような場所が？
永留　安徳天皇陵（参考地）がある丘が補陀落山じゃなかったかな。うろ覚えですけど。
釈　そして、どうやら補陀落山信仰は現存してなさそうです。日本神話のほうが力が強くて、消えたのかも。一時期信仰されていたとしても、そんなには盛んにならなかったのではないでしょうか。

永留 そうですね。

内田 なるほどね、消えちゃうんだ。

釈 信仰も消えます。強い物語で上書きされちゃうと。まあ、いろいろ痕跡は残りますが。

内田 ここは地場の信仰が強そうですからね。神も仏も、もう全部入れちゃう。力の強いのが残る。バトルロワイアル状態ですな。

釈 我々の賢しらな知恵で区分けしようとしても、うまくいかないですね。

永留 言葉で理解しようとすると、非常に難しいんですね。いろんなものが、こうなっているから、あるがままを受け入れるしかない。

釈 対馬特有の信仰が強いので、補陀落山信仰が来ても根付かなかったのかな。

内田 神功皇后が船出するという話に集約したんじゃないのかな。

釈 そっちのストーリーのほうが強い。

内田 うん。だって、どっちも船が出ていく話だからさ。

釈 そうですよね。ただ、天道のお母さんは、ウツロ船に乗ってやって来たという話がありますよね。

永留 そういう伝説もあります、土地によってはね。

釈 補陀落渡海もウツロ船で出て行きます。天道信仰では、女性が流れ着いて、その人が太陽の子を宿して、天道を生んだという太陽感精伝承があります。補陀落渡海伝説とつながりますよね。

巡礼部 逆に朝鮮半島のほうには、補陀落渡海みたいな、そこから流したというような伝説はないんでしょうか。向こうが流したら、こっちに流れてくるわけですから。

釈 たしかにここに流れ着いちゃいますね。朝鮮半島は観音信仰が熱心な地域ですので、ありそうな話です。南の済州島あたりにありそう。洛山寺など、海沿いに観音信仰・補陀落信仰のお寺が、北部から南部にかけていくつもあると聞きました。

中国だと、上海の南にある島で普陀山という有名な観音信仰の地があります。もっと調べるといろいろつながりが出てくるでしょうね。朝鮮では古いものが徹底的に破壊されがちだというお話もありましたが、内田先生のコネクションを辿って、何か韓国の人の情報を仕入れて、向こうの神話とか信仰の形態を確かめたいところです。

内田 参考書ありますかね。古代朝鮮の神話とか、古代朝鮮語。

釈 今まで専門に調べたことがなくて、知らないです。

巡礼部 お日様で妊娠するという伝説は朝鮮のものにもありましたよね。

釈 日光感精神話ですよね。新羅にもあったらしいですよ。

永留 高句麗の始祖神話もそうじゃないですか。河伯の娘が日輪の精を受けて身ごもります。

釈 そうなんですか。太陽で妊娠、生まれたのが王、というパターンですね。

永留　朝鮮の伝説は『三国史記』にも出てくるんじゃないですかね。

釈　そうなんですか？

永留　高麗王朝の十二世紀に『三国史記』が編さんされますが、百済・高句麗・新羅それぞれに古い記録があって、そのものは伝わっていませんが古い本に引用などの形で残っています。それぞれ違いますけどね。百済は高句麗の一族みたいなところがあります。

釈　新羅はまたちょっと違うんですね。

永留　新羅は違います。済州島は済州島でまた将来性が強い。三人の王家の伝説があります。

釈　済州島の伝説って、以前になんか聞いたことあるなあ。うーん、思い出せない……。内田先生、済州島に行くっておっしゃってましたよね？

内田　済州島は去年行きました。

釈　もう行ってきたんですか。

内田　ええ。対馬は朝鮮と似ていないけれど、済州島は日本に似ていました。

永留　済州島は一度行ってみたいですね、まだ行ったことがないので。

内田　風景は、かなり対馬に似ていますね。

永留　石と女性が多い島だっていうんだけど。

釈　そうですね、石多いですよ。

龍良山

天道法師の聖地を望む

永留　これからさらに南下して、豆酘崎（つつざき）を目指します。対馬の最南端、正確には最西南端です。右手に見えてきました。先端に灯台が建っています。

釈　あれが豆酘崎ですか。ポコポコとした岬だなあ。

永留　よく雲がかかったりする所で、あそこか龍良（たてら）に雲がかかると雨が降るという。古代に亀卜が行われたツツヂ神社は所在地が不明なんですが、この豆酘崎あたりという説もあります。

釈　龍良山とセットなんですね。

永留　天道信仰の聖地である八丁郭（はっちょうかく）……までは行けませんが、途中で、龍良山の麓から、あの辺だよ、ということで眺めてみたいと思います。

釈　できれば、ほんのかすかな残り香でもいいから天道法師と出会いたいです。「天道法師、出て来てくれ」という思いです。

永留 今から行こうとする八丁郭は、浅藻（あざも）という地区から谷門に入って山の奥のほうです。浅藻は豆酘の枝村ですが、江戸時代までは、基本的に浅藻には誰も住んでいなかったんです。八丁郭もあるし、聖地ということで。浅藻に人が住むようになったのは明治以降です。よそから来た人たちが、ここに住まわせてほしいということをずっと希望するんだけど、地元の人は頑として、いや、これまで住まわせたことがないからということで断っていたんですけどね。それと一緒かどうかは知らないけど、木坂でも海神神社の前の原は、ずっと昔は人は住めないというのが続いていました。この右手の道を下りて歩いていくと、浅藻の集落に行きます。ここの村の中にある神社も、多久頭魂神社といいます。

釈 ここも多久頭魂神社ですか。分社かな。

永留 多分、本村にあたる豆酘を意識してるんじゃないでしょうか。

（龍良山への入口）

内田 うわあ、きれいだなあ。

釈 この辺りが天道信仰の聖地みたいですよ。ああ、龍良があそこに。

永留 ここが入口なんですけど、入口からすでに、バスには厳しい所です。八丁郭は、あの原生林みたいなのが始まる所まで行かないといけません。

釈 龍良の「龍」というのは、神が現れることを表す「たつ」にも関係している可能性はありませんか。

永留 どうなんでしょう。やっぱり龍じゃないかと思いますけどね。雲が湧いたり、雨雲がかかることがありますもんね。オロチ（蛇）の「チ」とか「ツ」と龍＝タツは通じるそうです。そして龍神の住まいは水中です。

釈 そこからきているのか。

永留 三年ぐらい前、神田の赤米の田植えのときに来たことがあったんですが、そのときに、龍良山に雲がかかってきました。雨が降るかもしれないから帰ろうと思って車で走り出すと、内山あたりまで行ったときに、ザーッと降り出して。だから、確かにこの山に雲がかかると雨が降るんだなあと実感しました。そういう所ですね。

原生林で、木なんかも伐採しちゃいけないんだけれども、古い記録では、罪人なんかが山の中に逃げ込めば、役人も追いかけて入ることはしないと。

釈 サンクチュアリ（聖域）か。

永留 それがほんとうにこの土地に伝わっていた伝説なのか、ほかの書物から借りてきたのかというのはわからないんですね。というのは、『魏志倭人伝』の、倭人が出てくるところは倭人伝というんですが、その前に韓族のことがずっと書いてあります。そのなかに、これと同じような表現があるんですよ。そこは、法律を犯した者が、逃げ込めば、役人は追いかけて入らない、そんな禁忌（タブー）の地です。だから、そういうことを知っている人が伝え

浅藻から龍良山と八丁郭方面を遠くに眺める。稜線が美しい。

た話なのか、それとも、全く違う土地で違う発想からそういうふうに伝わったのか、疑問ですね。アジールと呼ばれる聖地に似ている。

釈　ここは、我々がイメージする神道よりもずっと古い信仰形態ですよ。

巡礼部　石を積んでいる所ですよね。

釈　最も原形に近いんじゃないかな。きれいだなぁ。さっきから山の稜線がきれいだと思ってたんですけど、よく考えたら何ひとつ建てさせていないからですね。

内田　そうか。送電線もないね。

永留　それが龍良と普通の山の違いですね。

釈　さすがのNTTも龍良山には建ててない。それはこちらの人は許さないですよね。

永留　それはもうとても。罰が当たります。

（バス乗車）

空海も最澄も日奥上人も

永留　では、これから豆酘崎のほうに向かいます。これまでご覧になったように、豆酘一帯には、とにかくいろんな伝説や信仰がありますが、弘法大師も来られたそうです。

釈　弘法大師は各地に来ているなあ。留学の途中で来たのかな。最澄はどうでしょう。

永留　最澄も来てますよ。二人とも唐からの帰りにですね。

釈　対馬に来ているんですね。

永留　最澄のほうは、さっき話に出てきた阿連という所にも来ています。

釈　阿連に着いたんですか。

永留　どこまでが伝説かわからないけど、空海が阿連に着いたら、既に最澄が先に来て教えを広めていたんで、空海は豆酘に来られたそうです。大師堂もあります。あと、有名な仏教者でいうと、日奥上人が対馬に流されています。対馬には、日蓮宗の寺が一つしかありませんが、それは日蓮宗でも不受布施派の日奥上人ゆかりの寺です。

釈　日奥上人は対馬へ流されたんでしたね。

内田　誰ですか？

釈　日蓮宗不受布施派の僧・日奥上人です。自身の立ち位置を貫いた結果、流罪になっています。

内田　へえ。

釈　キリシタン禁教と同じく、不受布施派も厳しく弾圧されました。

永留　秀吉が、各派の主だった僧侶を集めて法要をさせるんですけど、そのときに日奥上人は、日蓮宗のお経を信じる人でなければ、お経をあげない、それを信じない人からの布施はもらわない、という姿勢を貫いたから排除されました。家康のときにも拒否して、それで対馬に流されました。

釈　日奥上人が流された地に、お寺やお堂はないのですか？

永留　住んでいた所に跡地が残っています。日蓮宗の寺も一つだけできました。

釈　そうなんですか。

内田　秀吉の頃？

釈　安土桃山の終わりぐらいから江戸の初めあたりを生きた人です。

永留　その意味では立派です。宗教者として信念を貫いたわけですからね。

釈　立派な僧侶ですね。

内田　対馬流刑ってあんまり聞かないけど、隠岐より遠いね。対馬海流があるし。送っていく役人も「俺らも死ぬの？」って思ったかもしれないですね。

釈　「これ、戻れるの？」という感じでしょう。

内田　役人にとっては隠岐のほうがよかったんじゃないの。

釈　役人にとっても大変な苦難ですね（笑）。しかし、そういう流刑先などで信仰が展開するわけでして。とりわけ、浄土真宗とか日蓮宗というのは、辺境の人々のあいだに拡大した宗派です。山の民とか海の民に根を張りました。興味深いのは、真宗の太子信仰ですね。太子と呼ばれる特殊技能民がいて、その人たちは聖徳太子への信仰が篤かった。それと真宗が結びつきます。

巡礼部　太子信仰も調べると面白そうですね。

釈　そうなんです。中世以降のギルドや賤民問題にも関わってきます。

巡礼部　深そうですね。

妙見からユダヤへ？

釈　一方、日蓮宗には妙見信仰が特徴的です。日蓮自身が妙見信仰を持っていました。現在の千葉県鴨川市の生まれで、海民系の信仰の中で育った。片海というところの漁師の子だったとされています。

巡礼部　釈先生、妙見という山もありますけど、海民と関係あるんですか？

釈　はい、昨日も少し話題に出ましたが、一つには北極星の信仰があります。対馬にも同様の妙見信仰がありました。もう一つは山の信仰。海民の人たちは、上陸して川を遡上する。その先にランドマーク的な山があればそれを妙見山と呼び、信仰対象になる。妙見山へ至る道筋が「妙見街道」と呼ばれたりします。

内田 確か釈先生の如来寺の近くにもありますよね。

釈 そうなんです。如来寺の横にも妙見街道があります。それは、大阪湾に入ってきて猪名川を遡上した人たちのものみたいです。

巡礼部 海民なんですか？

釈 渡来系の特殊技能者たちがやって来たようです。織物に関する伝承が残っています。

内田 どこまで行くんですか？

釈 能勢の妙見山へと続いています。日蓮宗の霊場です。

巡礼部 あそこの山の上って、独特の雰囲気がありますよね。

釈 霊山ですから。

巡礼部 精神科医の名越康文先生は、あれはユダヤだという。

釈 そうなんですか（笑）。うーん、能勢妙見から京都に向かうと太秦には行き着きますね。

巡礼部 太秦って秦氏の。

釈 秦氏ですからね。

巡礼部 あそこの土地が関係あったんですかね。

釈 やはり桂川や鴨川流域や保津川の流域に活動したグループなのでしょう。太秦は桂川の近くで、天神川の横です。そして、広隆寺は日猶同祖論の拠点です。

巡礼部 剣山の話を名越先生はよくされています。

釈 剣山というのは、どの辺りにあるんですか？

巡礼部 四国の、あそこは、もともとは「つるぎ」が鶴と亀からきていて、ユダヤの聖地があるといいます。

釈 どこでそんな話を聞いたんですか？

巡礼部 名越先生がお経を読む勉強会をしているときです。面白いのは、四国の八十八ヶ所は、その剣山のユダヤの聖地を守るためにつくったんだという。

内田 トンデモ話やねえ。

巡礼部 イスラエルの大使が日本に着任したら、三カ所行く場所があるという、まことしやかな話もありました。一つ目は天皇に会いに行って、二つ目は総理大臣に会いに行って、三つ目は剣山に登るって。

内田 聞いたことないなあ。思いがけないところに「ムー系」(※)がいるんですね。

釈 ほんと、ムー系の話だ（笑）。

内田 能楽師にもいますよ。ムー系。能楽って憑依系の芸能だからですかな。

釈 憑依する人は、世俗とは別の秩序をもちますから。ありえないことだってくっついてしまいます。

内田 政治活動家の鈴木邦男さんもけっこうムー系なんですよ。青森にキリストのお墓があると言ってましたよ。「エルサレムから青森って、ちょっと遠くないですか?」って聞いたら「ワープしたんじゃないかな」って。

釈　それ、力を入れてしゃべっておられたのを聞いたことがあります。

内田　そこでキリストの祭りがあるんですって。「そこにね、内田さん、イスラエルの大使が来るんですよ」って。でも、それ、おかしいでしょ? イスラエルってユダヤ教なんだから。どうしてキリストのお祭りにユダヤ教徒が来るの?

釈　イスラエルの大使、あちこちに行くんだね。けっこう暇なのかな。そもそも、ムー派にエビデンスはいらないし。

内田　そう、エビデンスがいらないということがね、この場合は非常にプラスにというか、前向きに作用しておりますね。

日猶（にちゆ）同祖論

釈　しかし、日本人のユダヤ民族への思い入れみたいなものは、どの辺りに要因があるんでしょう。

内田　日本の場合は明治の日猶同祖論以来ですね。

※『ムー』はオカルト専門誌のタイトルで、UFO・超能力・怪奇現象・遺跡などを扱う。学研プラス発行。

釈 明治からですか。それ以前はなかったんですか?

内田 ないです。

釈 明治から始まったのか。

内田 明治期に、日猶同祖論者が同時多発的に出てくるんです。代表的な人たちというと、中田重治、佐伯好郎、小谷部全一郎。だいたい、若いときに外国人宣教師からキリスト教の洗礼を受けて、アメリカに留学して、高学歴な若者たちなんです。それが一八九〇年代ぐらいに留学から戻ってきてから、突然「日本人とユダヤ人は同祖である」というトンデモ説を語り始める。この特異な思想運動がその後、昭和に入って軍部のユダヤ政策とつながっていくんですけれど、これについては、日本ユダヤ学会を作った小林正之先生たちが詳しく研究されています。僕の理解では、この青年たちはアメリカで苦学して、きびしい人種差別を味わう。そして、彼我の国力の違いに愕然とするわけです。彼らの留学とほぼ同時期、一九世紀末にロシア、東欧でのポグロム(ユダヤ人迫害)を逃れたユダヤ人たちが大挙してアメリカに移民してきた。そして、当然のことながら、一番後から移民してきた集団がそれまでに定着していた他の移民集団からの差別と迫害の対象になる。

釈 アメリカで差別されたもの同士。

内田 アメリカでは、後から来た移民集団がそのつど先行集団から迫害されるんです。最初は黒人アイリッシュ、それからイタリア人、ユダヤ人、アジア人と順送りに差別されていた。

は全期間差別され続けた。日本人のアメリカ留学第一世代がアメリカでいわれなき「アジア人蔑視」にさらされていたときに、自分たちと同時期に差別されていたのがユダヤ人だった。だから、日本人とユダヤ人は一九世紀末のアメリカで差別され、排除された者同士なんです。そのときにユダヤ人たちは「これほど差別されるのは、自分たちが世界最古の民族であり、キリスト教の母胎であり、キリスト教に対して霊的優位性を持つからである」というかたちで迫害の由来を説明した。自分たちが霊的に世界に冠絶する民族であるがゆえにいわれなき迫害を受けるのだというかたちで、自分を慰めるわけですけれど、留学生たちはこれをいただいた。

釈　なんと、そんな理屈なのですか。

内田　「日本人が差別されるのは、世界で最も古い民族であり、霊的に卓越しているからである」という話に書き替えて、それによって傷つけられたプライドを癒した。日本人とユダヤ人は同祖同族であると。ユダヤ人も日本人もその霊的卓越性ゆえに欧米人たちから迫害されている。だから、日本人とユダヤ人はともに手を携えて、世界を支配し、欧米諸国を睥睨(へいげい)せねばならぬというスケールの大きな話に展開する。

釈　そこまで話が進んでいくんですね。

内田　そこまでいっちゃうんです。それが日露戦争後の日本人の夜郎自大なナショナリズムと親和してしまう。それに、日本人とユダヤ人のつながりを強める事件があった。それは日露戦争のときに、ジェイコブ・シフというユダヤ人の銀行家が、日本が起債した戦時公債の半分を引き受けてくれたことです。シフはそれと同時に世界のユダヤ人金融家に通達して、ロシアの戦時公債を「買うな」と厳命したのです。シフはロシア皇帝がロシアのユダヤ人同胞の迫害と虐殺に加担したことを怒り、ロシア帝国にユダヤ人として鉄槌を下そうとしたんです。ユダヤ人の国際ネットワークが機能したおかげで日本は日露戦争で薄氷の勝利を収めることができた。

釈 日露戦争のときに、そんなことがあったんだ。

内田 日露戦争の軍費調達をしたのがユダヤ人なんですよ。ユダヤ人の協力があったおかげで、戦費調達の戦いでは日本がロシアに圧勝するんです。

釈 反ロシアで結託するというわけですか?

内田 そうです。

釈 それで「満州を建国したら、ユダヤ人の国にする」という話が出てくるんですね。

内田 そうなんですよ。でも、ユダヤ人の協力で戦争に勝ったというのは、当然ながら国家機密なわけですよ。まさかジェイコブ・シフというニューヨーク在住の銀行家一人の、個人の決断のおかげで戦争に勝ったという話は公にはできない。でも、政官軍の上層部にはこの戦争はユダヤ人のおかげで勝てたという話はひそかに伝えられた。「ユダヤ人は戦争の勝敗を決することができるほどの天文学的財力がある」ということが「ここだけの話」というかたちで広まっていった。でも、こういう話って、絶対に漏れるでしょ。「いや、ここだけの話だけど、実はユダヤ人が世界を支配しているらしいよ」という話があちこちから漏れてくる。そして、リーク元がこれがまた軍の上層部とか、重臣とか、華族とかですから信憑性が高い。そして、陸軍参謀本部なんかは、「どうやって国際ユダヤ人ネットワークを日本の国防戦略に取り込むか?」ということを研究し始める。

日猶同祖論そのものは、プライドを傷つけられた明治の青年たちが、自己治癒のために作り出した物語であり、その限りでは可憐なものなんですけれど、日露戦争以後の「ユダヤ人と連携して、欧米諸国に対抗しよう」というのは生々しい政治の世界の話なんです。満州にユダヤ人のための「ホームランド」を建設するというのは、テオドール・ヘルツルの「シオニズム」運動に呼応したアイディアです。ヘルツルはユダヤ人のための「ホームランド」をどこかに建国しようとしていました。アフリカのウガンダとかアルゼンチンとかもその候補地だった。満州に「新しいイスラエル」を作るという話は、別にそれほど荒唐無稽な話じゃなかったんです。

釈　もしイスラエルがかつての満州あたりに建国されていたら、今ほどこじれた状況にはならなかったかもしれないですよね。

内田　そうですね。パレスチナじゃなくて、満州にイスラエルがあったら、その後の中東紛争は起きてないですよね。まあ、中国は怒るでしょうけどね。でも、満州にイスラエルというのは頭がくらくらしそうなアイディアですね。

釈　ここまでイスラム教とバッティングしなくて済んだかも。

内田　そうですね。今のような宗教的な対立というのはなかったかも知れない。

釈　ただ、旧満州にはエルサレムがありませんからねえ。そういえば、思い出しました。先日、神戸のシナゴーグのラビにお会いしたんですよ。二年ぐらい前に交替したとかで、以前の方はおられなくて、三〇歳ぐらいの若いラビがいました。イスラエルでユダヤ教を学んでラビになられた人なんですけど、神戸着任が決まったとき、心から嬉しかったし、周りからもすごく羨ましがられたって言うんですよ。どうして神戸着任がそんなに嬉しいんですかと聞くと、「日本には反ユダヤ主義者がいないから」と言うんです。確かにユダヤの民が暮らしにくい国は多い。

内田　いや、いるんですけどね。日本の反ユダヤ主義者たちは、ユダヤ人と非ユダヤ人の区別ができないんです。

釈　日本にもいるんですね、反ユダヤ主義者が。でもユダヤ人を特定する能力がない……。それって、結構致命的じゃないですか（笑）。

内田　思想的には反ユダヤなんだけれども。

釈　それと、陰謀史観というのもありますよね。これがユダヤともからみがちです。

内田　陰謀史観というのは頭のあまりよくない人が、複雑怪奇な世界のできごとを理解しようと願うときにすがりつく先なんです。「諸悪の根源」であるようなワルモノの集団がどこかにいて、こいつらが特権を貪っているせいで、自分たちのところに配分されるべき資源が奪われている、だから、こいつらを追い出せばすべてはうまくゆくという理説ですね。これがほんとうに好きなんですよ、皆さん。

釈　チープなストーリーにすがって、犯人を特定して排除しようとする。最近の嫌韓嫌中のヘイトの人たちのメンタリティーも同様ですね。あれはいったい、どういうものなんでしょうか。もともと伏流していたのが噴出したのか、それとも今新しく台頭してきたのか。フェミニズム的なリベラルに対するリバウンドじゃないでしょうか。

内田　最大の理由は不況でしょう。

釈　不況？

内田　経済的な。

釈　長く続く不況に対するある種の生贄（いけにえ）探しでしょうか。

内田　「貧すれば鈍す」です。

釈　出た、「貧すれば鈍す」。

内田　「貧すれば鈍す」って、ほんとうに汎用性の高い教訓ですよ。経済的余裕がなくなると、人間は思考力が衰えるんです。よく考えると当たり前ですけれど、「金がある人」というのは「金のことを考えない人」のことです。ですから、逆も同じで、実際はどれほど貧乏でも、

「金のことを考えない人」は「金のある人」なんです。暇だから。「金のことを考えない人」はみんなが金のことを考えている時間分だけ暇なんですよ。逆に、自分は「貧乏だ」と思っている人は四六時中お金のことばかり考えて、お金さえあればすべてが解決するというシンプルな思考にはまり込んでしまう。そこからはまっすぐに「オレの金を盗んだのは誰だ?」という問いにシフトする。貧乏くさい思想なんですよ、陰謀論て。

釈　そのうえ、その手の感情って、感染力がある。

内田　感染力はありますね。みんなから嫌な顔をされるんだけど、人が嫌な顔をすると全能感を感じるということがあるから。なんでしょうね、あれは。旭日旗を振ったり、ハーケンクロイツを振ったりすると、みんなが嫌がる。でも、罰されない。誰も止めないし、処罰もされない。「人が嫌がることをしても罰されない」ということから、「自分はそれだけ愛されている」「自分にはそれだけ力がある」と推論する。

釈　あるいは、みんなが嫌な顔をしたら、自分が要点・急所を突いた気になるとか。

内田　そうですね。みんなが顔をしかめるようなことをしても罰されないということから、自分はこの社会に受け入れられている、自分はこの社会の正規のメンバーなんだと信じることができる。承認願望が満たされる。

釈　でも、けっこう使命感に燃えている人いますよ。自分が言わなきゃ誰が言うんだ、みたいな感じで。

内田　そうですね。途中から段々、頭に血が上っていっちゃうんでしょうね……と、いうような話をしているうちに、ずいぶん高い所に上がってきましたよ。

豆酘崎

歩いて、開いて、感じて

（かなり狭い道へ入る）

内田　この道、怖いですねえ。こんなの、本土から来てレンタカー借りたりしたら、来られないですよね、怖くて。

永留　いや、来るんですよ。

内田　来るんですか？　みんな豪胆ですね。

永留　バスとすれ違うとき、どうなるんだろうと思って。

釈　慣れない人が通ると困りますね。

バス運転士　もうここまでですね。
永留　すみません、この先にも駐車場があるんですが、私の勘違いで、バスが思ったより大きくて、ここまでしか行けません。
釈　じゃあ、ここから歩きますか。
（バス下車。灯台へ向かう）
内田　うわあ、すごい。
釈　うわあ、すごい、これは。
内田　海と空のグラデーションというやつか。これまたアマとアマの境界が。
釈　ようやくこういう景色が見られましたね。
永留　そうですね、水平線、三日目にして見えましたね。
釈　三日目にして水平線と遭遇。
内田　やっと見えました。
永留　右手にも見られます。
内田　両側に海という。これは珍しい風景ですね。
永留　先端に行けばグルッと海です、背中以外は。豆酘崎（つつざき）の先端は、グルッと歩いて、徒歩で一周できます。だから、東の海から西の海まで見てもらいます。

巡礼部　わあ、ハングルの落書き。

内田　落書き？「キム参上」とかかな。これは、なかなかレアですね、ハングルばかりというのは。

釈　ハングルの落書きが並んでいる。

巡礼部　あ、ハートもある。

釈　二人で来たんでしょう。

巡礼部　すごいなあ。こういう文化は似ているんですね。

内田　やることと同じです。

巡礼部　海の音が良いですね。

内田　ここまで聞こえますもんね。ここまで聞こえるって、ほんとうに静かだということですよね。

釈　そういえば鉄道の音がないのと、高速道路の音がありませんね。

内田　低周波のブーンという音がしないね。

釈　ここは波の音だけ。

内田　あそこに灯台が。水がきれいだなあ。

巡礼部　透き通って見えますよ。

内田　ねえ。下が砂浜の所はグリーンに見えていますね。でも、きれいだけど、観光ルートとしては、ものすごくヤバイ所だね。

釈　ヤバイっていうのは、どういう意味ですか？

内田　来にくい所。

永留　大型バスは、あそこまでしか来られないし。

釈　そうですね、レンタカーでも難しいですし。

内田　すれ違いができないからね。

巡礼部　土産物屋とかお茶屋とかもないですね。

内田　なんにもないね。いいね。あと、管理人がいないよね。ここで自動販売機とか置いたってさ、管理コストのほうが高い。一日の売り上げが三百円とかなら置かないよね。

巡礼部　コンビニもないですね。

内田　ないね。そういえば、しばらくコンビニを見てませんね。

釈　厳原で一軒見たきりです。

永留　コンビニはないですけど、この反対側には日本軍の弾薬庫の跡とか。洞穴みたいな倉庫がつくってあります。

釈　日本軍は短期間にいろんなことをしているんだなあ。

永留　岬の両側で、雰囲気が違うんですよ。西海岸はもっと切り立って、本当に断崖絶壁とい

豆酘崎の先端。白い波間に古い灯台も。

うか、対馬全体を見ても、そんな傾向がありますね。

釈　西側から上陸するには、かなり場所を選ばないといけないんですね。

永留　『魏志倭人伝』に、対馬は「絶島」と書いてあります。対馬の景色を知らない人がその解釈を書くと「絶海の孤島」みたいになるんだけど、こういう絶壁で取り囲まれた島という意味のほうがふさわしいと思いますね。「絶」は、一字でも、そういう断崖絶壁のことをいう表現としても使いますから。

釈　たしかにここ、なかなかの火曜サスペンスやね。

巡礼部　「私が悪かったんですー」。

釈　「今ならまだやり直せるじゃないか！」とか。でも、最近、こんな所から飛び込む遊びをする人いるじゃないですか。

内田 アカプルコとかでね、こういう所からドボーン。

釈 なんとかダイビングっていうやつ。

内田 うわ、足もとがパラパラ剥(は)がれちゃう。脆(もろ)そうだ。

釈 この辺の石って、自然石ですか?

永留 ええ。こういう平たい石が特徴ですね。

釈 平たい石が、いくらでも採れるんですね。とても加工しやすそうな石。

永留 そうそう。だから、田んぼなんかの畦道とかね、そういう所に架ける橋とか、よく使われています。亀卜(きぼく)を行う雷(いかつち)神社の橋もそうでした。

釈 断面が瓦の屑(くず)みたいに、薄く剥がれていきます。層になるような岩。よく崩れているなあ。

内田 すごく崩れやすい岩。ここはヤバイよ。ここはあかんわ。ゴロゴロと落ちたら下まで止まらないよ。

永留 今日は落っこちても、お経はあげてもらえそうですね(笑)。

内田 釈先生、頼みますね。

釈 そういう問題なのでしょうか。

ところで何度も聖地巡礼をやっていて、体感的にわかったことなのですけど、「ある程度歩いて到達しないとダメ」な気がします。

内田 ダメです。いきなり、「はい、聖地に着きました」というのは。

釈 車で乗りつけて、車で帰っていくのでは、成り立たないですね。

内田 ダメですね。やっぱり「聖地」と「巡礼」はセットなんですから、辛い道を歩かないとね。

釈 どれほど力の強い場でも、車で乗りつけて車で去っていくと、聖地がわからないんです。そこに到達するまでのプロセスを含めて聖地。

内田 聖地は、あっちからやって来ないですね。

釈 そうですね。こちらから足を運ばせていただく態度とマインドが必要。それと、ちょっと疲れないと感度良くならないですね。

内田 ボーッとしてこないとね。たいていこうやって歩いているときって、だんだんどうでもいいことを話しだすようになって。

釈 そうなんですよ。麻雀やってるのと似たような効果があって。

内田 論理的な思考力がだんだん鈍ってきてね。もうどうでもいいわ、というふうになった状態ぐらいで、突然パワースポットに放り込まれる。

釈 場がバッと開いて、心が振動する。となると、人間は誰しもシャーマンの素質はあるということですね、そのための装置さえあれば……。

出漁する船を見守るように立つ波切不動。

巡礼部 あ！　あった！

釈 お不動さんですよ。波切不動。対馬では所々で見かけましたね。

永留 大船越にもありました。漁師さんの多い浦では海の安全祈願として、波切不動が多いですね。

内田 なに？　ポケモンあったの？　コンビニないのに？

釈 こんな所まで？　波切不動がポケストップ（※）なの？

内田 先生の如来寺は？

釈 如来寺は「ポケモンＧＯ」からスルーされています。如来寺はスルーしているのに、波切不動は指定されてる……。

巡礼部 あ、携帯がまた海外になってる。

巡礼部 ＳＫＴって。韓国のやつですよね。

釈 ソフトバンクですか？

巡礼部　いや、私、ａｕです。
内田　みんな海外？
釈　釜山の電波、強すぎやな。
巡礼部　サムソンの国ですからね。
内田　釜山の電波か。電波きちゃうと、ここ韓国だって言い出しかねないね。
釈　電波が入る範囲は韓国になっちゃうなら、ものすごいアンテナ立てそう。

内田　おお、灯台だあ。いいねえ。
釈　これは許せるんですね？　アンテナと違って。
内田　灯台は、なぜか、なんなんでしょうかね。よろしいというかね。君はここにいてよい。
釈　ずいぶん勝手な理屈。アンテナはダメだけど灯台はＯＫ？
内田　灯台はいいの。
釈　私が小学校の低学年頃、灯台を舞台にしたテレビドラマがあったんですけれども、そういうのはなくなっちゃいましたね。
内田　もう今、灯台守という仕事がね。

※　ポケストップ……「ポケモンＧＯ」で、モンスターボールなどのさまざまなアイテムが出現する場所を示す目印。

旧陸軍砲台跡に建つ灯台。

釈　その仕事自体がない？

内田　多分もうないんでしょうね。全自動になっているんじゃないですか。

巡礼部　灯台守のドラマがあったんですか？

内田　『喜びも悲しみも幾歳月』ですね、木下惠介の。

釈　それが最も有名で。うろ覚えですが、他にもあったような……。

　利他行為という感じがするんですよね。

内田　完全に人里離れた絶海の孤島とかでさ。

巡礼部　寡黙な人が。

内田　そうそう。

釈　船の航行のために我が身を捨てる。そういうロマン。

内田　防人みたいなものですよね。

永留　あの狭い水路を通りますよ、船が。
釈　あの間、通れるんですか？　岩礁じゃないの？
永留　標識がある所の間だけは通れるんです。
釈　結構でかい船が通るんだな。
永留　こちらの入口にも水路の標識が二つ立っていますね。
内田　はい、あの間が水路なんですね。
釈　あそこだけが通れるんだ。それで先ほど安心して通っていたんですね。
永留　はい。
釈　あれは岩礁ですよね。見ていて心配しちゃった。
永留　そうなんです。あれ以外の所を通るともう、ほぼ一〇〇％座礁します。
内田　海流は、どっちからどっちへ流れているんだっけ。
釈　南から北です。
内田　こっちから、こう流れているんですか？
釈　でも、そんな単純じゃないというお話でしたね。時間によって方向が変わる。
巡礼部　また違う船が。あれは漁船？
釈　漁船かな。今、帰港中のようです。
永留　このあたりからだと、絶壁と灯台と一コマで撮れますよ。

釈　ほんとだ。

内田　ほんとだ。あいにく逆光です。

永留　そしてこれが、向こうの岬から撮った写真。

釈　待ち受け画面に、島がポッコリ。さすがです。

内田　待ち受け画面に使っているんですか。

永留　このあいだ行ったとき、あまりにきれいだったから。

釈　いやあ、あっちの岬もカッコいいですね。ハワイのダイヤモンドヘッド的な。

永留　あれは「神崎」と書いて「こうざき」と読む所です。やっぱり神様。

釈　明らかに神崎、神の崎という感じがします。

内田　うん。あの岬もアレですな。

釈　聖地でしょうね。

内田　聖地です。

永留　正確には最南端はあそこなんです。だけど、あの神崎までは豆酘の地所です。

釈　最南端ですか。じゃあそこに降りるよ、神は。

永留　向こう側にも灯台があるんですけどね。

釈　岩肌も見えているし、でかい磐座みたいな感じです。

永留　途中の道路も、でっかい岩がゴロゴロしていましてね、いかにもこれは、古代の人だっ

沖の灯台まで続く岩礁に白い波が立つ。左右はどこまでも空と海がつながる水平線。

たら「神様が通った跡だ」と思っただろうなあと感じました。

釈　そうなんですか。

永留　だから、ここじゃなくて向こうが神の岬なんだなあと思って。

内田　ここはわりとフレンドリーですよね。

釈　峻厳さがないタイプですね。向こうはちょっとヒューマンフレンドリーな雰囲気。向こうはちょっと、いかつい感じがありますよ。

永留　森もありますからね。向こうは鬱蒼（うっそう）と茂っています。

釈　しかしこうやって海と太陽との境界線を見ていると、ここに天道の信仰が起こるのも、わかる気がします。

永留　はい、そうですね。

釈　あの彼方からやって来そうですもん

ね。

永留　龍神を背負った山があって、岬がある。

釈　もし補陀落山信仰が伝わっていたとしたら、やはりここを舞台にしたでしょうし、神功皇后の船出にしても島の位置や地形をベースにして育くまれてきた伝承でしょう。いくつかの信仰や伝説も吸収しながら、独特の天道信仰が生まれた。そういうことでしょう。求めていた天道法師に少しだけ会えたような気持ちになれました。

永留　最後に水平線が見られてよかったです。私もホッとしました。豆酘崎へ来て水平線が見られなかったら、ちょっとね。

内田　ありがとうございました。

釈　おかげさまで、素晴らしい巡礼になりました。

内田　いやあ、きれいだなあ。

巡礼を終えて

巡礼部 これで三日間の予定が無事に終了しました。

（拍手）

巡礼部 楽しく、すごく勉強になることが多く、頭がいっぱいになりました。ありがとうございました。バスの時間を使わせていただいて、おさらいをさせてもらおうと思います。釈先生から、お願いいたします。

釈 はい、お疲れさまでございました。

今回、回った所の大半は、植島啓司先生が言うところの、「一ミリも動かないタイプの聖地」だと実感しました。長崎でキリシタンの聖地を回ったときには、そこの場所で強烈な物語があって、それゆえに聖地になったと理解しました。しかし今回は、そこに明確な物語があるのではなくて、場そのものが聖地でした。何カ所か回るうちに、アナロジーのスロットルが全開になった。目に見えるものを通して、それを成り立たせている何かをキャッチアップしようとしている自分に気がつきました。人類特有のアナロジー能力が復活した思いです。

そういう機能をもつ場なのかなとも思いました。

凱風館（※）の米山さんが、多久頭魂（たくずだま）神社の裏の森、あの御神木の所で感じたものを持って帰って、道場でのお稽古前にイメージすれば、すごくうまくいく気がすると言っていました。その場その場にチューニングすることにとどまらず、それが一つの宗教体験となって、これからの日常生活にも影響を及ぼす。内田先生は、以前、何度も良い場での体験をくり返すことが大事なんだと語っておられましたが、米山さんの話を聞いて、腑に落ちました。では、内田先生のほうは、いかがでしたでしょうか。

内田 はい、皆さん、お疲れさまでございました。植島啓司先生にですね、聖地行くなら対馬でしょうと言われてですね、それを信じて対馬に来ました。でも、来てよかったです。まさに聖地でした。

土地のすみずみに神話が堆積している。それも一層じゃなくて、古代から中世、近世、現代に至るまでのさまざまな霊的な物語が、その都度の関心に則して書き込まれていて、それが堆積して層をなしている。いくつも層が重なっていて、それぞれの層が発する響きが輻輳（ふくそう）して、ある種の宗教的倍音のようなものを立ち上げている。非常に不思議な経験をいたしました。これに類するものを、僕は京都や奈良では経験したことがないですね。京都や奈良はもっと物語が整備されている。枝葉を払ってあって、まっすぐに骨太のわかりやすいストーリーが貫通している。でも、ここは違いますね。たとえば今朝行った、あそこなんでしたっけ。

釈　多久頭魂神社です。

内田　そうそう、その多久頭魂神社で登場した豆酘の区長さんが、ここではこういうことになっているというお話をされた。たぶん、あの村の数百人ぐらいの住民たちが共同幻想として信奉している神社の由来をお話くださった。これは必ずしも対馬全島的に共有されている話じゃない。ましてや日本全体で共有されているわけじゃない。ローカルな神話なわけですよ。そういう固有の物語が島のすみずみにわだかまっていて、それが堆積していて、他の物語と排除し合うこともなく、あるいは一つの大きな整合的な物語に回収されることもないままに、どんどん積み上げられている。横からいろんなものがはみ出してきても、そのはみ出している所にまた別の物語が積み上げられて。あの多久頭魂の御神木がドーンとありましたね。そこからいろんな枝葉が出ていて、そこからさらに違う植物が生えているというのを見たときに、これ、対馬の神々のあり方が、図像的に非常に見事に表象されているという感じがしました。

米山さんが大変気持ちが良かったということでしたけれど、ああいうパワースポットに身

※　凱風館……内田樹が主宰している武道と哲学のための学塾。合気道を中心とした武術の講習会や、能楽などの学術セミナーなども開かれる。

を置いたときに霊的な力が身体に染み込んでくる感じはぜひ記憶しておいて欲しいです。覚えておくと、繰り返しそこに立ち返ることができるから。僕らのような合気道家の場合は、心身の統御のためにはある種の「ゼロ点」が要るんです。そこに繰り返し立ち戻って、そこを基点にして、自分の今やっていることとの「ずれ」を点検してゆくという作業がとても大切なわけです。ちょっとなんか濁りがあるとか、ちょっとノイズが入っているとか、そういうことは「ゼロ点」がないと検知できない。だからああいう透明度の高い霊的空間に身を浸したというのはとてもよい経験だったと思います。今回は合気道関係者、多数参りましたけれども、皆さんは修行上のたいへんよい経験をされたと思います。

釈　ありがとうございました。

内田　長崎でナビゲーターをしていただいた下妻さん、どうですか。

下妻　私はやはり同じ県内なので、長崎とどう違うのかとか、あるいは、同じ貿易をして生きてきた土地なのに、なぜこうも違うのかということを考えていました。長崎はなんといっても名物がちゃんぽんですから、いきなり混じりあっています。でも対馬に来てみたら、最初から永留さんに「いや、対馬は日本です」と、「そんな、混じっていません」みたいなことを言われたのが、ちょっとガーンとショックで。同じような役割を果たしてきたはずの土地なのにですね。

地形的なもの、地理的なものがもちろんあって、長崎はいくら端っこにあるとかいいながらも、何かあったら、たとえば鍋島藩とかが駆けつけて来てくれるけれども、対馬は本当に島なので、拠って立つものがないから、自分で自分を確立してシャンとしていないとやっていけなかっただろうなあというのが一つと、やっぱり「武士」っていうことがあるのかなと思いました。長崎は町民の町なので、そういう武士の矜持みたいなものはあまりなく、ゆるっとなんでも受け入れて、おいしいものがあったら取り入れたらいいじゃないか、みたいな感じの町なんですけど。でも、そこは、対馬の人はピッとしていないと保っていけなかったのかなあとかいうことですね。

永留さんという、まさに対馬人を目の当たりにすることができて、自分の中で一つ、対馬というもののイメージがつかめたかなあというところです。自然の力のみなぎるパワースポットというか聖地も、ほんとうにそれぞれ素晴らしかったです。私もまた長崎に帰って思い出したいと思います。ありがとうございました。

内田 それでは、最後に永留さんに一言。

永留 こちらも、最初はちょっと緊張していましたけど、先生たちの人格のお陰で、いろいろ話させてもらって、所々ちょっと、こんなことを言ってよかったのかなとか、あとで思えば、ちょっと冷や汗ものの話もさせてもらいました。私自身も、自分を振り返るのにもね、よかったのかなと思います。足りなかったところはまた勉強します。また、皆さん、機会があったらぜひ、対馬にパワーを吸いにきていただきたいです。夕日も、木坂で見る夏の夕日が、ものすごくきれいです。お国自慢っていうんじゃないんですけどね。

釈 木坂の夕日、すごくきれいでしょうねえ。

永留 水平線に薄くかかった雲から、雲を通して見ると、真っ赤に見えるんですよ、まん丸く。そして、その光で村中が赤く染まるんですね。特に夏は、世の中が赤く朱色に染まる世界になったりするんです。ぜひそういうときに来てください。木坂までだったらいつでも送りますので（笑）。三日間ありがとうございました。

内田 ありがとうございました。

釈 ありがとうございました。

巡礼部 ありがとうございました。

釈 皆さん、お疲れさまでした。今、夕日のお話が出ましたけれども、落ちる夕日に大きな生命の流れを感じたり、森の中にいると大きな存在に抱かれている感じがしたり、これは我々現生人類のみが持つアナロジーの能力です。この能力が花開いたのは、「言葉」を使うようになったことが主要因だと思われます。そしてアナロジー能力によって、人間にとっての「死の意味」は大きく変貌しました。ほかの動物も「死」を認識したりするらしいんですけれども、それは、目に見える光景の範囲以上に展開することはないそうです。目に見える光景を通して何か大きなものを感じたり、愛する人を思ったり、見えない世界をイメージしたりする。来世や前世にも思いが展開する。それが現生人類の特性です。これはほかの動物にはできないそうです。

このところの私と内田先生はよく「貧すれば鈍する」という話をします。さまざまな場面で、視野が狭まり、時間が萎縮しがちな現代人は、人類が人類として成り立っているアナロジー能力も枯れ気味なんじゃないでしょうか。対馬という土地は、全身でアナロジーするような、そういう能力を喚起するような要素が満載でした。おかげで我々も、人類ならではの、遥か遠くに思いを馳せる、時空を超えた感覚を呼び戻す、そういう体験を共有できたのではないか。このことを心身にきざみつけて、対馬を後にすることといたしましょう。

あとがき――内田樹

みなさん、こんにちは。内田樹です。

『聖地巡礼』お買い上げ、あるいは立ち読み、ありがとうございます。いま立ち読みされている方はとりあえずこの「あとがき」だけでも読んでいってください。

『聖地巡礼』も巻を重ねてとうとう四巻目となりました。最初が「ビギニング」、次が「ライジング」、次が「リターンズ」、そして今回が「コンティニュード」です。すごいタイトルですね。こんなタイトルの付け方をしていると、読者のみなさんだって、自分が持っているのが一体何巻なのかわからなくなってしまうでしょうし、編集者にしても、この次の巻にはどういうタイトルをつけたらいいのか……とつい不安になってしまうのではないかしら。

でも、このタイトリングは東京書籍の最初の担当者であった岡本知之君の趣味なので、釈先生と僕は与り知らないのであります（今の担当者の植草武士さんも「与り知りません」と言いたいところでしょう）。この次が出るとして、第五巻のタイトルはどうなるんでしょうね。「フォーエバー」とか「ワンスアゲイン」とか「ネバーダイ」とか、そういうのになるんでしょうか。

これまでの巻を読んだ方はご存じと思いますけれど、この「聖地巡礼」というイベントは、僕の主宰する凱風館の部活であるところの「巡礼部」と東京書籍のタイアップ企画で進められております。

「聖地巡礼」はもともと釈先生と僕が神戸女学院大学で行った「現代霊性論」という授業のスピンオフ企画として「京都聖地巡り」をしたのが初めてです。仏像マニアでもあるところの釈先生のご案内で、東寺の立体曼荼羅を拝見し、三十三間堂の千手観音を拝見し、南禅寺で湯豆腐を食べて、昼酒を飲むという愉快なバスツアーにすっかり味をしめて、「これ、いいですね」ということになってそれから恒例化いたしました。

やがてそのツアーに毎回参加される熱心な方々が中心になって凱風館内に「巡礼部」というものができました。巡礼部の創部目的は「いつの日か、サンチャゴ・デ・コンポステーラに巡礼に行きたい」という可憐にして浪漫的なものであります。スペインに行く前に、まず国内の聖地を巡礼して「聖地感受性」を高めようということで、以後、部員たちともどもせっせと聖地巡りをしております。第一回の京都の次が奈良（興福寺）。それから大阪、京都（異界巡り）、奈良（三輪神社）、熊野、長崎、そして今回の対馬と、日帰り旅行から、飛行機で行き帰りする二泊三日の旅とだんだんスケールアップしてきました。書籍化されたのは第三回の「大阪上町台地縦走」から後です。

「聖地巡礼」は、僕と釈先生がピンマイクをつけたままバスの中で、歩きながら、ただだらだらしゃべっているのを全部録音して、一日が終わったあとに巡礼部の諸君と一日の出来事を反芻して、それをテープ起こししたものをそのまま書籍化するという、大胆というか不敵というか無謀というか、よくそんな企画が会議を通ったなあと、ほとほと感心する趣向のものです。東京書籍は人も知る教科書の老舗出版社ですから、手堅い本業でこつこつとお金を稼いで、こういう「冒険的企画」で多少損失が出ても平気というタフな経営体質なのかも知れません。あるいは、最初にこの企画を通した岡本くんがよほど弁舌さわやかにプレゼンしたのか。僕も釈先生も、まさかこれほど長いシリーズになるとは思いませんでした。

でも、考えてみたら、こういう「ただだらだら歩いて話すことを適当に編集して番組にしてしまう」というのは『夜はクネクネ』とか『水曜どうでしょう』とか『ブラタモリ』とか、テレビ番組ではあるんですよね。書籍でそんなことした人がいなかっただけで。

ゲラを読み返してみると、「まえがき」で釈先生が書いていらしたように、「おお、これはすごい」「すごいですね」「霊気が漂っておりますな」「いかにもいかにも」というような何を指しているのかぜんぜんわからない会話を採録した箇所が、けっこうおもしろいんですよね。視覚的な描写がなくても、そういうやりとりだけでも、そこで僕たちが経験したことの「実質」はかなり正確に伝えることができるらしい。不思議なものです。

それが成り立つためには、なんというか、「立体視」とでもいうのでしょうか、複数の身体が、複数の人格が、同一の事象に立ち会って、そこで感じたことを報告して突き合わせるということが必要なのかも知れません。ですから、例えば、この本の中の僕のしゃべっているところ「だけ」を抜き出して読んでも、そこで僕が何を経験しているのかはさっぱりわからないと思います。そんなものを読まされていたら、数頁読んだだけで、読者のみなさんはつまらなくて放り出してしまうと思います。

でも、釈先生やナビゲーターの方々や巡礼部のみなさんが口々に語る断片をつなぎ合わせると、そこに何か立体的な「経験像」とでもいうようなものが立ち上がってくる。その「経験像」は誰のものでもありません。みんながちょっとずつ自分のパーソナルな感覚を持ち寄って合成したものです。この「誰の経験でもない、みんなの断片的経験を合成したもの」には独特のリアリティーがある。その独特な香りや手触りや震えのようなものが行間から立ち上ってくる。そういう仕掛けになっているのではないかと僕は思います。

ヨガのエクササイズの一つに「倍音声明（ばいおんしょうみょう）」というものがあります。数十人が円坐を組んで、「あいうえお」と「ん」の六音を繰り返し唱えるのです。肺活量は一人一人違いますから、音はすぐにずれてきます。数分すると、音質も違うし、ピッチも違う無数の音が輻輳（ふくそう）するようになる。それをさらに続けていると、やがて独特の倍音が聴こえてきます。天上から届くように倍音が「降ってくる」のです。この「誰の声でもない、みんなの声を合成した声」には独特の「超越的なトーン」があります。僕たちはそれに耳を傾けることで軽い瞑想状態に入る。

倍音声明で面白いのは、自分は声を出さないで、ただ他人の声を聴いているだけの人には、倍音がちゃんと聴こえてこないということです。超越的な音、誰のものでもないその音を聴き取るためには、自分のパーソナルな、自分に固有の声をその場に差し出さなければならない。自分の「持ち分」を差し出して、それを他の人たちと「パブリックドメイン」に共有しなければならない。

この「聖地巡礼」という企画では、語り手である僕たちと巡礼部の方々は、その場でふと思いついたことを断片的に語っているだけなんですけれど、それを本にして通読してみると、僕たちが確かにそこで経験したものがホログラムのように立ち上がってくるような気がします。なんでも冒険的な企画というのは「やってみるもの」だなと今さらながら思いました。

対馬に続いての次回の聖地巡礼企画としては、「国東半島に八幡信仰のルーツを探る」と「出羽三山で修験道に出会う」というのを今のところ考えています。最終巻は「恐山に行って、南直哉老師とお話する」（南さんの許可をまだ得てませんので、こちらの妄想ですけれど）。聖地巡礼国内編が終わったら、そのあとは「聖地巡礼海外編」です。海外の聖地を歴訪し、最後はサンチャゴ・デ・コンポステーラで締める、と。

それまで命が続くといいのですけれど。では、また次の「聖地巡礼」でお会いしましょう。僕の予想するタイトルは「聖地巡礼ネバーダイ」なんですけど、どうなるでしょうね。

二〇一七年七月　内田樹

内田樹（うちだ・たつる）

1950年東京生まれ。思想家・武道家。神戸女学院大学名誉教授。専門はフランス現代思想、武道論、教育論など。現在、神戸市で武道と哲学のための学塾「凱風館」を主宰している。主な著書に『私家版・ユダヤ文化論』（文春新書・第6回小林秀雄賞受賞）『日本辺境論』（新潮新書・2010年新書大賞受賞）などがある。近著に『困難な結婚』（アルテスパブリッシング）『直感はわりと正しい』（朝日文庫）『日本の覚醒のために』（晶文社）など。

釈徹宗（しゃく・てっしゅう）

1961年大阪府生まれ。浄土真宗本願寺派・如来寺住職。相愛大学教授。専門は比較宗教思想。特定非営利活動法人リライフ代表。私塾「練心庵」も主宰。論文「不干斎ハビアン論」で第5回涙骨賞、『落語に花咲く仏教』で第5回河合隼雄学芸賞を受賞。主な著書に『いきなりはじめる仏教生活』（新潮文庫）『ゼロからの宗教の授業』（東京書籍）などがある。近著に『お世話され上手』（ミシマ社）『落語に花咲く仏教』（朝日選書）など。

【取材協力】（敬称略）
長崎県立対馬歴史民俗資料館、峰町歴史民俗資料館、厳原八幡宮宮司、
対馬交通株式会社、美女塚山荘、他

◇本書は、2016年10月27～29日の長崎県対馬市への取材を再構成し、
全面的に修正・加筆したものです。

聖地巡礼 コンティニュード

2017年9月1日　第1刷発行

著　者　内田樹、釈徹宗

発行者　千石雅仁

発行所　東京書籍株式会社

東京都北区堀船2-17-1　〒114-8524

電話 03-5390-7531（営業）

03-5390-7455（編集）

印刷・製本 図書印刷株式会社

ISBN 978-4-487-80842-7 C0095

ブックデザイン＝長谷川理

表紙・本文イラスト＝浅妻健司

ＤＴＰ＝越海編集デザイン

写真撮影＝若林直樹

構成、写真協力＝下妻みどり

編集＝岡本知之／植草武士（東京書籍）

東京書籍ホームページ　https://www.tokyo-shoseki.co.jp/

乱丁・落丁の際はお取り替えさせていただきます。

定価はカバーに表示してあります。